EMBEDDED
FINANCE

嵌入式金融

（Scarlett Sieber） （Sophie Guibaud）
[美]斯嘉丽·西贝尔 [英]苏菲·吉博 ◎ 著
李小霞 ◎ 译

中国原子能出版社 中国科学技术出版社
·北 京·

Embedded Finance.
All Rights Reserved. This translation published under license with the original publisher John Wiley & Sons, Inc.
Simplified Chinese translation copyright by China Science and Technology Press Co., Ltd. and China Atomic Energy Publishing & Media Company Limited.

北京市版权局著作权合同登记　图字：01-2023-0471。

图书在版编目（CIP）数据

嵌入式金融 /（美）斯嘉丽·西贝尔（Scarlett Sieber），（英）苏菲·吉博（Sophie Guibaud）著；李小霞译 . —北京：中国原子能出版社：中国科学技术出版社，2023.10

书名原文：Embedded Finance
ISBN 978-7-5221-2925-9

Ⅰ . ①嵌… Ⅱ . ①斯… ②苏… ③李… Ⅲ . ①金融—商业服务—研究 Ⅳ . ① F830

中国国家版本馆 CIP 数据核字（2023）第 168386 号

策划编辑	褚福祎	责任编辑	付　凯
文字编辑	褚福祎	封面设计	创研设
版式设计	蚂蚁设计	责任印制	赵　明　李晓霖
责任校对	冯莲凤　吕传新		

出　版	中国原子能出版社　中国科学技术出版社
发　行	中国原子能出版社　中国科学技术出版社有限公司发行部
地　址	北京市海淀区中关村南大街 16 号
邮　编	100081
发行电话	010-62173865
传　真	010-62173081
网　址	http://www.cspbooks.com.cn

开　本	880mm×1230mm　1/32
字　数	170 千字
印　张	8.5
版　次	2023 年 10 月第 1 版
印　次	2023 年 10 月第 1 次印刷
印　刷	北京华联印刷有限公司
书　号	ISBN 978-7-5221-2925-9
定　价	69.00 元

（凡购买本社图书，如有缺页、倒页、脱页者，本社发行部负责调换）

本书献给所有协助母亲和妻子全职工作、追逐梦想，并与全世界分享她们激情的人。献给我们的丈夫和孩子们，我们对你们充满爱意，希望我们的努力让你们感到骄傲。献给所有人，感谢你们一直以来的支持。

目录
CONTENTS

第一章 下一次金融革命 —— 001

- 为什么是现在………005
- 为什么是我们………007
- 为什么你该读本书………008
- 你需要知道什么………009

第二章 嵌入式金融的起源与发展 —— 011

- 银行业的前世今生………012
- 危机催生发明………017
- 科技让一切成为可能………019
- 保险科技的诞生………023
- 金融科技公司的崛起………026
- 新型银行登台亮相………034
- 不同时代的人的行为变化………044
- 中国的金融科技发展………050
- 嵌入式金融来了………052

第三章 嵌入式金融与公司 —— 055

- 嵌入式金融与科技公司………056
- 满足所有的财务需求………060
- 科技巨头公司成为客户日常生活中的一部分………063
- 谷歌、苹果、脸书和亚马逊以外的其他公司………068
- 让最终客户获益………073
- 嵌入式金融和电子商务………075
- 为什么嵌入式金融对科技巨头公司很重要………077

第四章 嵌入式金融在线下 —— 081

- 超级应用程序……082
- 数字业务……083
- 从线下到线上……085
- 对金融服务业以外的影响……127
- 我们将何去何从……136

第五章 嵌入式金融发展的好时机 —— 139

- 技术：嵌入式金融应用的关键……141
- 监管机构……153
- 从银行的角度看"银行即服务"……160
- 银行业的未来……176
- 嵌入式金融真正的影响……189

第六章 嵌入式金融与可持续发展 —— 193

- 数据：推动善的力量……194
- 获得信贷……197
- 对小企业的影响……199
- 发展中国家的普惠金融……202
- 为享受不到银行服务的人提供金融产品……207
- 零工经济……210
- 提高当今劳动者的技能……214
- 可持续发展……220
- 嵌入式金融的局限性……224
- 有关身份信息和隐私的问题……226
- 新世界……231

第七章 2030年：嵌入式金融的未来 —— 233

- 2030年：生活中的一天……235
- 对于2030年的生活，我们还能期待什么……239
- 未来的虚拟世界……256
- 嵌入式革命……261

第一章 下一次金融革命

想象一下，回到 21 世纪初，你听到一个关于手机的新概念：这款手机将不再仅是一款手机。事实上，它将是一台迷你计算机，机身的绝大部分是一块玻璃材质的触摸屏。这个概念在当时似乎令人难以置信，但如今的我们当然知道，它就是第一代苹果手机（iPhone）。我们下面要讲述的是另一个新概念，它同样令人兴奋，而且我们认为，它将产生更大的影响。这个新概念就是嵌入式金融。这是一场关于人们如何生活、如何与人交往、如何管理财富的革命。

不管你是否注意到，嵌入式金融的早期版本其实已经出现了。嵌入式金融正在改变着全世界的每一家企业，从最大的银行、科技公司到最小的夫妻店，改变的内容包括他们的经营方式以及他们与你的互动方式。

在金融服务的历史中，有一部分是关于金融科技的历史。金融科技既独立于金融服务，又和金融服务息息相关。它从银行业的危机中崭露头角，提供了以客户为中心、更流畅的、摩擦（friction）[①] 更少的客户体验。你有没有通过手机应用程序 [例如：文墨（Venmo），

---

① 金融摩擦（financial friction），金融术语，指金融市场摩擦，一般指金融资产在交易中存在的难度。——译者注

细胞（Zelle）、现金应用（CashApp）]向你的朋友转过钱？如果有，你其实就在使用金融科技。你有没有在杂货店使用手机或者信用卡付过账？如果有，你也是在使用金融科技。你有没有在网络券商[例如：罗宾汉（Robinhood）、橡子（Acorns）、帕布利（Public）]那里开户买卖过股票？如果有，你依然在使用金融科技。

这些技术是如何改变银行业的？他们背后有哪些公司？金融科技如何改变消费者的预期？它对银行的战略又产生了哪些影响？这些问题都很关键，因为他们都是金融科技的基础，而金融科技是嵌入式金融的基础。金融科技把银行业和科技公司结合起来，创造出新的产品，服务于那些以数字为中心的客户。正如我们在本书中将要看到的，嵌入式金融走完了由金融科技开启的旅程。

从根本上讲，这场嵌入式金融的革命，就是要确保那些维护我们社会运转的资金顺畅地流动。那些减缓资金流动的摩擦点和障碍正在消失。人人都知道，如今，我们在大多数情况下，都不需要去银行网点排队来完成基本的金融交易了。我们可以待在舒适的家中，通过手机或者计算机完成全部（或者绝大部分）金融交易。而且这一切都在变得越来越容易。你可以在任何地方拿到你的钱，或者更确切地说，使用你的钱。只要有需要，你的钱随时随地都触手可及。嵌入式金融是由技术推动的，是由消费者的真实需求引发的自然演化。这个概念十分前沿，不过，它具体是怎样实现的呢？

在实际中，嵌入式金融这个概念体现在你购物时的贷款上、你在修车时支付的费用上，或者在你新签租房协议的房屋保险上。与我们每天打交道的公司可以在我们需要时为我们提供金融服务，而我们通常不需要做任何事情，只要点头同意即可。这些金融服务以数据为基础，依靠强大的机器学习能力，能在几分钟，有时甚至在几秒内，进行决策优化。

我们之所以称它为"嵌入式金融"，是因为这种金融服务嵌入在其他应用场景中，例如，付款柜台、手机应用程序等。从消费者的角度看，可以称它为"隐形支付"或者"隐形金融"，因为这里的关键是，金融交易被整合进了你正在做的事情当中，而你感觉不到它。

嵌入式金融的独特之处就在于，它可以让各行各业的公司，在和现有客户的沟通中，为客户提供金融服务，满足他们的需求。它能带来新的收入、更密切的客户关系以及对关键数据更直观的掌握。最重要的是，它可以让科技公司、各种品牌商和零售商，在客户最需要的时候为他们提供流畅的、方便的、可靠的金融服务，并把这种服务自然地融合到客户的体验中。

和汽车经销商打过交道，试图购买汽车（新车或二手车）的人，会对经销商提供的汽车贷款很熟悉。这些经销商并不是自己发放贷款，而是作为发放贷款的渠道，由银行或者与汽车制造商有关联的专属金融公司发放贷款。这对大家都有好处，因为没有贷款，你可能不能全款买车。

另一个嵌入式金融的经典例子就是"先买后付"（Buy Now Pay Later，BNPL），这个场景通常发生在你结账的时候。你在一家电器商店，想买一台 500 美元的电视，但手里只有 200 美元。而这家电器商店背后通常会有很多合作伙伴支持，他们会为你先行垫付资金，而你作为消费者，可以在一定时间之后再还钱。

"先买后付"正经历着一场巨大的复兴。金融服务市场公司贷款树（LendingTree）的一份报告指出，33% 的消费者尝试过"先买后付"，其中 67% 的人计划继续使用这一服务。在本书中，我们会探讨这一趋势背后的原因以及推动这一趋势发展的各类公司和各种因素。

为什么是现在

写本书的目的，是为了及时捕捉这一特殊时刻，同时也是为了展望未来。无论你从事的是金融服务、科学技术、品牌推广，还是一般性的商业活动，甚至只不过是碰巧对科技好奇，这本书都适合你。因为嵌入式金融已经无处不在，而且只会不断扩张。就像生活中的很多事情一样，你最好预先做好准备。从定义上讲，嵌入式金融并不局限在某个地区或者某个群体当中，它是一个全球现象。它关系到每个人，这也是它的力量所在。这本书讲述的就是它的故事。

我们先从消费者讲起。这位消费者经历过巨大的金融动荡，体验过金融服务交付方式的变化，对于数字化的金融交易驾轻就熟。有一种金融产品可以满足他的需求。那么如何把这种产品推荐给他？本书讲述的就是这件事，同时会引出很多其他思考。他的需求和期望在数字时代是如何演变的？移动时代无所不在的计算能力和互联网接入能力是如何赋予他力量的？他的生活在2030年会变成什么样？

本书将关注所有消费者，而不仅是那些可以奢侈地选择金融服务提供商的中产阶级。我们会关注那些得不到金融服务、打多份工，需要创新金融解决方案来维持收支平衡的消费者。对于这些消费者来说，投资——甚至是储蓄——都可能只是一个梦想。那么，嵌入式金融将如何帮助所有消费者过上更健康的金融生活？

尽管消费者是这个故事中的关键部分，但嵌入式金融并不只为他们服务，它也为小企业服务——为那些快速成长、规模迅速扩张的小企业提供服务。这里不仅包括那些将要上市的企业，也包括那些需要贷款聘用更多人手，让业务更上一层楼的企业。还有那些被传统银行忽视的小企业，这些小企业拥有优秀的创意和诱人的数据，很可能在未来取得成功。这些企业都可以利用嵌入式金融让自己变得不同。

从业界的角度，本书提供了另一个视角来窥探金融服务的未来。这个行业正在快速发展。以前，一个人只能从银行获得贷款，或者把钱存进银行，而现在，他有了更多的选择。我们今天所知的银行，在未来会扮演什么角色？银行将如何适应这种新角色？哪些银行为成功做好了准备？他们实现某个目标的战略和技术是什么？我们将关注那些拥抱变革并且蓬勃发展的银行以及那些为了数字时代开发新产品的银行。

为什么是我们

本书有两位作者，斯嘉丽·西贝尔是战略家和领导者，而苏菲·吉博是企业家和运营者。她们是多年的朋友，对技术和金融服务的发展都充满了热情。把她们的经验结合起来，可以帮助我们从一个独特的、真正全球性的视角去了解嵌入式金融。西贝尔在为全球的大小银行设计战略发展路线图时，亲身经历过一些变化，她特别关注"银行即服务"（Banking-as-a-Service，BaaS）领域的发展方向和其中的机遇。而吉博在过去十余年间，一直从事"银行即服务"供应商的市场推广及执行工作，最近还在欧洲大陆推广嵌入式金融服务。正如联邦存款保险公司（FDIC）的主席叶莲娜·麦克威廉姆斯（Jelena McWilliams）所说的那样："两人的从业背景充分结合，让她们对这个领域的未来产生了独特的视角。她们的战略思维、卓越的运营能力以及对金融技术的深刻理解，为她们提供了很少有人掌握的背景知识。"

凭借在这个领域中深厚的专业知识,她们对嵌入式金融将以何种方式、在何处影响消费者的生活,还有科技巨头和其他公司在成为金融科技生态系统重要的组成部分时,将如何发挥自身的作用,有着共同的愿景和兴奋点。

她们一直在思考着这些巨大的机遇。经过多次对话和无数个不眠之夜,她们现在一致认为,是时候讲述有关嵌入式金融的故事了。

为什么你该读本书

无论你是银行家、金融科技公司从业者、企业主,还是一个对这个领域感兴趣的消费者,关于这种消费者与金融服务的全新连接方式,我们都有很多内容可以分享给你。最重要的是,我们分享的这些内容会告诉你,嵌入式金融会如何影响日常生活,如何让生活变得更好。

银行需要适应新的变化,留在新的生态系统当中。金融科技公司需要改造自己的金融产品,最终由面向消费者的企业交付出去。金融服务一旦被这些和消费者每天打交道的公司及其产品提供给消费者,就会产生巨大的机会,让该公司获得比以往更多的客户。早期的成功案例已经证明,嵌入式金融完全可能取得长足的进展。嵌入式金融现在只是处于起步阶段。

你需要知道什么

关于正在发展的嵌入式金融，关于它的开端和对未来的预测，本书将为你提供你需要了解的主要知识。本书将会涉及：

- **早期的发展**：本书将讲述嵌入式金融的历史、变化，早期参与者的教训以及人们的努力如何塑造了未来。

- **现在的情况**：本书将指出全球市场当前的推动者，并且详细研究他们的发展方向。你可以从中找到关键的、可以借鉴的地方，立即着手实施自己的方案。我们也会强调传统金融服务提供商持续发挥的作用。

- **未来的展望**：本书将预测嵌入式金融的发展趋势、未来世界的样子以及它对个体消费者和整个社会可能产生的影响。

如果没有做好准备，或者还没有意识到金融产品交付给客户的方式发生了巨大的变化，你的未来可能会面临严峻的挑战。你的才能、收入，你使用的技术等等都会受到挑战。这不是我们第一次被迫迈向新的技术世界，我们离柯达公司（Kodak）没能占领数码照片市场或者百思买集团（Best Buy）没能抓住电影娱乐业未来的日子并不遥远。并非每个人都应该参与到这样的变革中去，但无论你的抱负如何，了解宏观经济层面正在发生的事情都很重要，因为它将影响商业的各个方面。如果摆脱战略家的角色，像其他人一样作为一个消费者来看待这一切，你会发现你的日常生活将面临巨大变化。而本书就是让你为此做好准备。

毕竟，到2030年，这一产业的全球市值预计将达到3.6万亿美元，为什么不从现在开始，多了解一些呢？让我们开始这次旅程吧。

第二章 嵌入式金融的起源与发展

嵌入式金融的市场机遇有多大？我们将用整本书来回答这个问题。不过，在我们谈论现在的情况以及未来的发展之前，我们必须从过去谈起。

银行业的前世今生

让我们从金融科技的起源谈起。有一些业界专家提出，金融科技始于20世纪50年代。当时，美国加利福尼亚州的弗雷斯诺市（Fresno）向6万名消费者邮寄了他们的第一张信用卡。还有人认为，金融科技始于20世纪70年代开始普及的自动取款机（ATM）。更有一些人甚至把目光投向了更远的过去，将金融科技的开端追溯到19世纪用来传送金融指令的电报系统。但"金融科技"最早的例子可能出现的比这还要早。楔形文字是在苏美尔地区发展起来的一套文字。正是在这里以及在其他一些地区，比如埃及、印度和中国，农业已经发展到了一定程度，可以为城市建设持续供应食物。而城市是商业和各种形式的专业劳动的中心。在中东地区出土的泥板上，考古学家发现了用楔形文字书写的会计系统，包括农民购买种子、土地和农具时的借款和信贷。可以毫不夸张地说，随着最早期文明的繁荣，金融服务就出现了。

值得注意的是，这些出现的时间都远远早于铸币、现金或者法定货币问世的年代。这是一个物物交换的时代，交易工具就是商品本身，而不是抽象的价值符号。最早的铸币出现在公元前7世纪后期的小亚细亚。但借贷行为是人类活动中更根本的行为，比"钱"这个概念更根本。

在古代美索不达米亚，借贷似乎是家族内部的事务，富裕的家庭从自己的储备中借出贷款。在古希腊和古罗马，银行业变得更正式，私人色彩更少，借贷和货币兑换往往与神庙或政府机构等权力实体的经济活动联系在一起。

我们今天熟知的这种银行体系起源于中世纪的意大利。银行集团会为航海提供资金，押注船只返回港口时搭载的货物要比出港时更值钱。在文艺复兴时期的意大利，银行业向更多的人开放，这就是我们今天说的零售或个人银行业务。银行（bank）这个词来自拉丁语的"bancus"，意思是长凳或桌子。银行家（拉丁语"banchieri"）坐在市场入口的桌子边，帮助客户解决资金流动的问题。他们兑换货币，经营典当行，向前来市场的人贷款。华尔街的经纪人开始时也差不多是这个样子。他们在曼哈顿下城区绿树成荫的街道旁，坐在桌子边交易股票。当时的商业活动还是一种户外活动。

我们大多数人熟悉的个人银行业务是在19世纪随着工业化和中

产阶级的出现传入欧洲和北美的。当然，20世纪见证了传统的金融业务逐渐标准化的全过程，包括支票本、每月准时送来的账单、信用卡以及西装革履的银行家。

只要有新科技问世，作为新科技的使用者，金融服务公司向来最热心。我们前面已经提到过电报系统。银行业也是最早使用计算机的领域，它率先把计算能力赋予银行职员——毕竟，银行里需要计算的东西很多。如今，关于银行业在技术上领先的看法似乎已经过时了，因为与科技公司相比，银行通常落后于时代。但是，只要看一看大型银行在科技上的预算，你就会发现，银行家对科技的热情仍然很高。例如，美国最大的零售银行摩根大通（JP Morgan Chase）在2022年的科技预算达到了惊人的120亿美元。

如今出现的变化是，科技发展的速度比银行内部的流程更快，银行业必须迎头赶上。移动技术在商业领域获得广泛应用之前（除了在非工作时间与员工沟通外），在私人领域受到了消费者的热烈追捧。这与台式机的发展形成了鲜明的对比。台式机在被称为"家用计算机"之前，首先是在企业的办公室里得到了应用。这种差距，再加上1929年以及后来2008年的金融危机，促使银行业严格遵守监管规定，为科技公司进入金融服务领域创造了巨大的机会。

银行业与科技（现在通常称为金融科技）之间的互动始于互联网时代。它开始于20世纪90年代通过拨号连接互联网的数字银行业务。21 世纪初出现的应用程序接口（API），是应用程序之间的通信工具。它在 2009 年，随着金融危机对消费信贷和整个银行业造成的严重破坏，真正走向成熟。为什么是在那个时候？2009 年的那场金融危机，意味着传统银行在不断发生危机的情况下，受到了新的监管约束；而与此同时，数以百万计的智能手机（首款苹果手机在 2007 年夏天发布）进入消费者手中。这为新一波金融科技公司站出来挑战银行业创造了独一无二的机会。

金融科技依赖于来自众多供应商的众多技术层级之间的交互，这种交互可能相当复杂，但消费者并不关心后台流程是如何协同工作的。很少有用户知道，在触摸屏上为他们提供服务的金融系统和编程语言是什么。关于金融科技，至关重要的一点就是，只要有可能，它就应该是自动化的，能在最少人工干预的情况下运行，在完成任何既定操作时都尽可能地流畅。然而，当需要人工干预时，金融科技公司会提供人工干预服务，而且往往比银行提供的服务更流畅，因为这些公司往往致力于提供最佳的客户体验。

尽管技术创新要花很多钱，但这个投入很值得。这是因为，如果聘请人在交易过程中的每一步与他人互动，即使只是查看个人账户中的余额，花的钱也会更多，而且无法产生规模效益。而现在的消费者利用先进的技术平台和工具，自己为自己服务，自己指导自己的行动。这意味着人们在凌晨 3 点和下午 3 点都能完成交易，在家里或者火车上，也都能完成在银行网点完成的交易。消费者会在自己最方便的时候和系统互动，这件事自然就和他的日常生活交织在了一起。我们将会看到，嵌入式金融进一步推动了这一核心理念。

不过，让我们先回到 2008 年。在那时，金融服务仍要靠在特定的地点向客户提供产品和服务。银行网点的工作人员、站在警戒线后排队的人群，这些都是数百万消费者天天目睹的。但银行网点的维护成本很高，从租金到清洁费、水电费、物资供应，再到员工工资等，都涉及成本。为了抵消这些成本，银行必须像其他公司那样增加收入，或者想办法大幅降低这些成本。这些必要的业务成本最终对客户产生了负面影响。银行下架了某些产品，转而专注于其他产品，金融科技成为突破口。

无论是哪种金融科技领域，都不关心建立银行网点这件事。自 2008 年以来，美国的银行网点数量下降了 12%。英国的降幅甚至更大——自 2008 年金融危机以来下降了 17%。随着人们使用数字银行的情况越来越普遍，银行网点数量下降是意料之中的事。事实上，自 20 世纪 80 年代以来，随着银行卡支付取代了现金支付以及电话和网上银行提供了其他的转账方式，银行网点在总体上已经减少。从这些数字中你可以推断出，数字银行在英国比在美国更成功。尤其对小企业而言，美国金融服务领域中的数字化金融业务仍有很长的路要走。银行的收入模式与客户的需求不一致，它只有在客户犯错时才能赚钱。当客户没有按时偿还贷款，或者超出账户余额消费时，银行就能获得利润。当客户财务状况良好时，银行可以与他们合作，一起赚钱，而不是与他们对抗。

这里我们要谈一下银行的基本收入模式。银行通过贷款获得收入。贷款包括住房贷款（抵押贷款）、汽车贷款、企业贷款和个人贷款，个人贷款则包括信用卡以及从信用卡支付中收取的交易费。为了能贷款，消费者和公司就需要支付利息。银行也接受客户存款，有时这种服务还要收费。这些存款为银行提供了发放贷款的资金。

如今，客户的需求发生了变化，客户变得更年轻、更多样化。新的产品和服务需要满足新的客户需求。想想近几十年来其他行业发生的巨大变化吧，这种变化也正在银行业发生。只是到目前为止，银行业一直落后于其他经济领域。

危机催生发明

2008年的金融危机是银行业和整个社会的一系列因素引发的。宽松的监管导致了不负责任的贷款，尤其在抵押贷款这部分更甚。接着，不良贷款造成的损失给消费者和金融机构带来了灾难。以前，常春藤盟校的毕业生纷纷涌入大型投资银行，享受这些机构承诺的安稳工作。但在2008年，这种情况发生了永久性改变。当时最大的5家投资银行是高盛、美林、摩根士丹利、贝尔斯登和雷曼兄弟。这5家银行都受到了不良资产（违约的抵押贷款）的严重影响——这些资产比一文不值还要糟糕，他们是负资产。

雷曼兄弟于 2008 年 9 月破产，这是美国历史上最大的破产申请，然后它就消失了。贝尔斯登同样难以为继，被摩根大通以很少的钱收购，这点钱只相当于它以前价值的很小一部分。美林证券也同样被美国银行（Bank of America）收购。雷曼兄弟破产一周后，高盛和摩根士丹利宣布，他们将转型为传统银行，向零售客户提供存款服务。美国运通公司（American Express）也在这时候进行了金融方向的转型。这些举措为银行业提供了更多的保护，将他们置于联邦机构更密切的监管之下，在短时期内表现出诱人的前景。日本的三菱日联银行随后收购了摩根士丹利很大一部分股份，摩根士丹利也从联邦政府借入了逾 1000 亿美元，比其他任何金融机构借的都多。此后，高盛在零售模式的创新上取得了相当大的成功。这些创新包括一个名为马库斯（Marcus）的数字银行平台，这个名字出自该公司的创始人马库斯·戈德曼（Marcus Goldman）；另一个是它最近新成立的 TxB 业务平台，这个平台上已经能支持嵌入式金融的实际应用了。

金融危机导致消费信贷大幅收紧，一些银行对除信用卡等现有渠道之外的消费者和小企业完全停止了贷款发放业务。银行不愿意放贷，并不意味着消费者和小企业就不需要贷款了。他们仍然需要贷款,但传统的供应商已经不存在了。

科技让一切成为可能

自从 2007 年苹果手机问世之后,智能手机日臻成熟,能够随时随地为消费者提供互联网接入和计算能力。根据苹果公司的销售数据,在 21 世纪 10 年代,公司卖出了将近 15 亿部苹果手机。下面是一些有意思的数据。几乎所有美国成年人(97%)都拥有一部手机。大多数(85%)美国成年人拥有智能手机,其中 62% 的人利用智能手机买过东西。美国人每天使用智能手机的时间平均超过 3 小时。

随着智能手机在发达国家的普及,功能手机(一种能上网但没有智能手机那种先进交互界面的手机)在发展中国家也变得无处不在,譬如在南半球的拉丁美洲、东南亚和非洲就是如此。智能手机帮助发达国家的消费者们,在处理日常事务和购物时不用和银行网点打交道,而功能手机帮助那些在金融体系不发达、银行网点很少的国家里的消费者们接触到金融服务。

对于拉丁美洲和非洲的大部分消费者(约 70%)而言,银行网点数量少,就意味着他们很难获得传统的金融服务。在银行基础设施不发达的国家,金融服务的转变远比在银行基础设施发达的国家更为剧烈。智能手机在南半球也迅速普及，同时出现了更高端的金融服务。巴西现在有 2.42 亿智能手机用户，印度尼西亚有 1.6 亿。

我们可以说，在金融领域使用手机会极大地增强个人的财务管理能力。你只需点击几下，就可以查看余额、支付账单、向朋友和亲戚汇款。

手机为渴求知识的好奇者打开了整个世界。潜在的可能性无穷无尽。尽管现实有时会掉链子，但从根本上说，手机为人类打开了一扇窗，而不是关上了一扇窗，它将我们与其他移动用户连接在了一起。

虽然我们的关注点都集中在手机上，但移动互联网的发展是促使手机成功的另一个要素。移动互联网永远地改变了世界。和以前的大多数技术不同，移动通信技术是从消费领域进入商业领域的，而不是相反。它在消费领域迅速扩张，甚至可以说是病毒式扩张，迫使商业公司做出改变，将这些功能强大的设备引入商业世界。当我们思考什么是推动移动领域不断发展进化的重要指标时，我们的关注点又回到了消费者行为上。消费者行为不仅驱动着消费者，也驱动着与消费者互动的商家。消费者从来没有像现在这样，拥有这么大权力，而且他们消费产品的方式也在不断变化，比如消费电子书［金德尔（Kindle）电子书］、影视 [网飞（Netflix）、葫芦网（Hulu）]、食物 [户户送（Deliveroo）、生鲜篮（InstaCart）、哈啰生鲜（HelloFresh）、送餐到家（Just Eats Takeaway）] 以及消费音乐 [声田（Spotify）、苹果音乐（Apple Music）]的方式。这些消费变化影响了人们对其他行业的预期，包括金融服务业。消费者希望所有的客户体验都像上一次操作那样简单和方便，具体行业之间的界限现在变得模糊了。

互联网为全球大多数人提供了通信和信息工具。它颠覆了产业，改变了人们的生活方式。几乎没有企业能够不受它影响。尽管说起来你可能不会相信，但在互联网刚刚出现时，许多专家都对它的影响轻描淡写，嘲笑它是一种玩具或者一种时尚。这些预测现在看来很可笑，但人们对互联网的低估却反复发生，结果总是一样。嵌入式金融是这条弧线上的另一次演化。

许多银行界人士曾经质疑互联网会对整个银行业务产生多大影响。但是，就像许多其他行业一样，互联网从根本上改变了人和公司之间、人与人之间的互动方式。互联网作为一个真正的全球平台无处不在，它无时无刻不在提醒我们，不应该低估科技和互联互通的威力。如今，即使消费者打算在实体店购物，他们也会事先在网上搜索有关信息。想想看，你有多少次在机场、电器商店或者电子产品商店被看到的商品所吸引，然后又去上网比较同类商店的报价？

现在让我们回到金融服务业。那些已经把数字化放在优先地位，或者至少有一个靠谱的数字化战略的机构，比那些虽然把数字化放在发展计划路线图上，但从未真正实施过的机构表现得更好。为什么这种情况一再出现？就像2008年的金融危机那样，为什么比起大多数行业来，银行业更难适应变化？这回到了一个相对简单的概念：信任。银行（以及其他银行业机构，比如信用社等）是我们的金融生活中值得信赖的托管人。金融服务业有充分的理由保守，它有责任保护消费者和企业的资金安全地流动和存储。这个角色的重要性，再怎么强调都不过分。可能也正因为如此，银行业作为一个整体，至今仍然在使用半个世纪前的技术。对这种经过时间考验的模型进行创新具有风险，而且成本高昂。这一事实，再加上银行业庞大的规模，让人们认为，银行业对消费者的金融服务具有垄断权。随着外部的影响越来越强，一些金融行业的从业者试图通过收购、投资、建立创新实验室和加速器等方式和创业公司合作，以便跟上时代的步伐。但残酷的现实是，大部分人没有这样做。寻找取胜之匙的旅程是艰辛的。除了技术上的挑战外，银行通常是一个大型组织，具有多个决策层级、众多优先级不同的股东以及经常互相争夺客户的部门。船大难掉头，即使前面的冰山清晰可见，有时银行也无能为力。但调整并不是不可能的，我们将在本书中看到这一点。

由于上述原因，银行对现在的变化反应迟缓。所以当消费者开始寻找金融解决方案时，他们需要另一些公司。

保险科技的诞生

珍妮弗·鲁登（Jennifer Rudden）在统计数据门户网站"统计之家"（Statista）上的一篇文章中，对保险业下了一个定义，认为保险业是一种以保险单为合同的业务；根据这个合同，个人或者企业在未来遭受可能的损失时，可以获得财务保护或者补偿。保险对于我们大多数人（如果不是所有人的话）而言，至少是在生活的某些方面很熟悉的概念。无论为我们的住宅、汽车、生命健康，或者为某些特定物品上保险，都是我们已经习惯要打理的一类事情，也是一类非常需要改革的事情。今天，大多数保险单是通过现有的分销网络，也就是保险经纪人销售的。这意味着大多数保险仍然是通过实体办公室在线下销售的。保险科技投资基金阿斯托利亚风险投资（Astorya.vc）的合伙创始人弗洛里安·格拉约（Florian Graillot）认为，在欧洲，近80%的抵押贷款保险和60%的汽车保险是在线下销售的。

就像金融科技进入了传统的银行领域一样，保险科技也进入了保险领域。保险科技公司早在21世纪10年代初期就已经出现了。该领域的第一批公司专注于公司对个人的业务，即B2C业务。在这个领域的初创时期，大家围绕着按需保险或者即时保险的功能展开了讨论。这些技术关注的是将现有的传统保险公司数字化，以便他们能够更快地卖出保险产品。目标是正确的，但正如我们在所有行业中看到的那样，数字化转变需要时间，而且道路上有很多绊脚石。所以在将近10年的时间里，他们并没有取得很大的进展。因为保险公司发现这一周期非常长，而且现有的技术栈①已经过时，很难接入系统。这些挑战与银行业面临的挑战非常相似。即使成功地接入到现有系统，这一工作也只是刚刚开始。因此，只有少数参与者能够真正破解这一密码。

当然，就像大多数规则一样，总有例外。瓦卡姆公司（Wakam）就是一个例外。这家公司的前身叫巴黎丽人保险公司（La Parisienne Assurances），它在数字化业务方面取得了成功。根据它在领英（LinkedIn）页面上的介绍，瓦卡姆公司"是一家优先考虑数字化业务的保险公司。通过高科技的即插即用平台，为它的分销合作伙伴和客户创建白标产品（white-label）②、定制产品和嵌入式保险解决方案。"瓦卡姆公司进入这个市场已经有几年的时间了，它在数字化能力以及与外部参与者的对接能力方面，都跻身最先进的公司之列。在某些情况下，比起它的竞争对手，瓦卡姆公司的速度更快。与其他在这条道路上并没有取得很大成功的公司相比，瓦卡姆公司有何不同？瓦卡姆

---

① 技术栈，信息技术术语，指某项工作或某个职位需要掌握的一系列技能组合的统称。一般来说是指将N种技术互相组合在一起（N>1），作为一个有机的整体来实现某种目的或功能。也可以指掌握这些技术以及配合使用的经验。——译者注
② 白标是指一家交易商向另一家希望成为交易商的公司提供信息技术服务，使其拥有自己的标志，并以自有商标面向客户报价，成为交易商。——译者注

公司的不同之处在于，它把自己所有的技术架构都转换为 API 优先（API-first）模式。这改变了游戏规则，让瓦卡姆能在更短的时间内，更快地与第三方合作，做更多的事情。正像弗洛里安·格拉约说的那样："这是一家非常独特的保险公司，它的业务几乎 100% 都运行在最先进的信息技术系统上。我相信这就是它有能力获得市场份额的原因。"

在早期进入保险科技领域的公司中，只有少数取得了成功，大多数公司都在苦苦挣扎。正因为这种挣扎，嵌入式保险才有了真正的发展空间。我们可以期待那些早期愿景相似的参与者们会通过一种自然的方式，在接触客户的过程当中，推广他们的保险产品，并最终使客户更容易地理解他们的价值主张。正如格拉约说的那样：

嵌入式保险的核心价值是教育。说到保险，对大多数客户来说，为住宅、汽车——以及在许多国家中——为健康投保，都是社会要求的，不得不做的事。但除此之外，人们就不清楚为什么要买保险了。把保险产品嵌入客户正在做的事情中去，会让保险的意义更加明显，价值主张更加清晰，其结果就是，会产生更高的转化率。

我们在本书中会多次提到，专注于为客户带来不可思议的客户体验，绝对是至关重要的事情。这听起来似乎容易，但做起来很难。随着新型银行和其他金融机构的出现而导致银行业出现的问题，同样也

出现在保险业。格拉约谈到了用户体验的重要性,他说:

我们曾对一家健康保险领域的创业公司进行过尽职调查。我们查看了保险行业的手机应用程序,结果非常令人惊讶。因为几乎所有的应用程序,无论是在苹果系统(iOS)上的,还是在安卓系统上的,评分都在3星(满分5星)以下。获得良好的客户体验看上去很容易,但其实非常困难。我们越来越相信,围绕着应用程序产品本身的改进就有很多事情可做,保险科技可以大规模地提供比保险公司本身更好的用户体验。

金融科技公司的崛起

正如我们前面提到的,2008年金融危机的一个重要结果,就是为金融科技公司的繁荣发展创造了条件。金融科技公司现在可以提供以前只有受到监管的金融服务实体才能提供的服务。移动互联网的使用加速了电子商务的普及,对于消费者来讲,金融服务实实在在变得触手可及。

金融科技公司首先从两个领域进入银行业:支付和贷款。贝宝公司(PayPal)成立于1999年,可以说是第一个被世界熟知的大型"金融科技公司"。它通过在线支付服务侵入了银行的地盘。继贝宝之后,又出现了很多产生巨大影响的创业型支付公司；不过，下一个重大转变发生在 21 世纪头几年，当时出现了几家创业型的贷款公司。成立于 2005 年的繁荣市场公司（Prosper）和成立于 2006 年的借贷俱乐部（Lending Club），都把自己的主要业务定位在无担保的个人贷款上，因为这种业务风险大、利润少，几乎所有的银行都不做这项业务。尽管在金融危机后，经济活动有所增加，小企业和消费者的借款需求都在增长，但银行仍然限制贷款。由于政府对银行的监管大幅收紧，银行向这些客户放贷变得更加复杂，在技术上也更具挑战性。持续的低利率也降低了放贷对银行的吸引力（同时降低了储蓄对消费者的吸引力）。

借贷俱乐部（Lending Club）[①]

成立：2006 年

市值：30 亿美元

员工：1500 人

早期发展历程

借贷俱乐部成立时是一家提供个人对个人（peer-to-peer,

---

① 本书中出现的此类公司信息中的"市值""员工"均为原英文版中 2022 年的信息。——编者注

P2P）借贷服务的公司。投资者向借款人提供贷款，借贷俱乐部负责承销和风险管理。当 2008 年信贷市场崩溃时，借贷俱乐部发现，人们对公司提供的个人贷款需求旺盛。这些借款人因为其条件不满足银行对信用状况的要求，原本很难获得贷款。截至 2019 年 12 月，借贷俱乐部已经发放了 535 亿美元的贷款，是美国最大的个人贷款提供商。

随着时间的推移，借贷俱乐部的投资者更多地变成了机构而非个人，银行成为最大的投资者。这家公司在上市后表现不佳，在首次公开募股后的 4 年里，市值蒸发了 90%，似乎已经迷失了方向。借贷俱乐部一开始作为银行的替代品出现，然后成为银行回归个人借贷的载体，最终自己成为银行。借贷俱乐部收购了总部位于波士顿、以专注于金融科技而闻名的银行雷迪斯（Radius Bank），现在正试图通过更传统的途径扭转自己的命运。

这些不久以后将被称为金融科技公司的新型公司，接管了以前只有银行能够提供的某些单一功能。这种现象称为银行业"分拆"。银行提供各种令人眼花缭乱的产品和服务，这样的理念曾经是一个卖点：个体或者企业可以在同一个地方获得与其金融生活息息相关的所有产品和服务。他们是一站式商店,满足你在金融方面的全部需求。支票账户、储蓄账户、抵押贷款、信用卡、投资理财——这个清单还可以继续增加,而你当地的银行通常可以提供几乎所有这些服务。在金融科技公司出现前,银行会在价格、利率,甚至在某些情况下利用地理位置的便利性和其他银行竞争,但他们提供的产品通常都是一样的。

当你坐下来仔细想一想,就会知道,金融科技公司的崛起是有道理的。一家技术预算有限的银行怎么可能创造出十几个一流的金融产品,为所有客户提供定制服务呢?此外,美国有数千家社区银行缺乏——而且总体上仍然缺乏——技术资源,无法创造出高质量的数字化产品。虽然他们拥有丰富的数据,可以定制产品,但他们通常没有提取关键数据的技术或资源。数以千计的银行都在同时开发相同的产品,并与隔壁的银行竞争,而为他们提供动力的往往是相同的核心技术提供商。一般来说,银行产品都是通用的。你和你的邻居可能财务状况非常不同,但你们都在使用相同的金融产品。

金融科技公司的运作方式则大不相同。这些公司擅长定制解决方案,并根据对客户数据的复杂分析,提供定制选项。当人们在金融服务领域使用这种方法时,出现了大量的从事某一专业服务的金融科技公司,都相信自己在某类业务上,做得比其他人好;都希望通过提供公司认为的最好的产品或服务,试图进入这个市场,分得一杯羹。银行业分拆适用于金融生态系统中的各个部分，从国际转账［维斯（Wise 公司）］、投资［豆蔻（Nutmeg）公司］到贷款［资金环（Funding Circle）公司］。在刚进入这个领域的时候，所有公司都专注在某一单独业务上，为客户提供独特而流畅的客户体验。

贝恩资本风险投资公司（Bain Capital Ventures）的合伙人马特·哈里斯（Matt Harris）将金融科技的发展分为两个阶段。第一个阶段专注于数字化工作。哈里斯说："如果你回到 20 年前，这就是世界需要的东西。所有的金融服务公司——银行、保险公司和理财公司——都非常相似。从开户到账户服务，到认购，这些公司所做的一切都需要面对面完成，都需要耗费大量纸张。"早期的金融科技公司满足了这些需求。比如甲板（OnDeck）资本公司、借贷俱乐部、金融广场（Square）金融服务公司等，还有第一代新型银行，比如移动付（Moven）公司和简单（Simple）公司。这些早期的金融科技公司将易于理解和使用的银行产品数字化。这听起来简单，但做起来很难。成功做到这一点的公司都获得了丰厚的回报。从哈里斯描述的第一波金融科技中诞生并发展起来的公司，很多已经成为估值数十亿美元的上市公司，或者被人以数亿美元的价格收购了。这的确有吸引力，但哈里斯质疑它的创新性："除了用户体验，这些产品其实没有太大的改变。它改善了消费者和企业的生活方式和用户体验，但它并没有从根本上颠覆这个行业。"

那么对金融服务的颠覆应该是怎样的呢？根据哈里斯的说法，它发生在第二波金融科技变革中。

一旦将这些产品数字化，你就可以把他们嵌入消费者和公司天天使用的软件当中。通过嵌入式操作，降低产品的成本，并且可以利用这些软件传递数据。嵌入并不是从非数字化到数字化这个阶段的增量发展，而是一次变革性的进步，我们还有发展的空间。

实现这一变革的典型例子就是诸如交易狂热（AvidXchange）或金钱网（Bill.com）这样的金融科技公司。他们的应付账款软件能够自动处理业务，帮助公司节省大量的时间。比起用密码箱操作员，这是一个重大进步。AvidXchange 在它的网站上说，这款软件的研发目的是能够"随时随地批准单据和支付申请，为团队提供灵活、安全和高效的流程"。

能够利用数据和资源真正了解客户的公司，才是最有资格为客户提供金融解决方案的公司。这是发展嵌入式金融的另一个理由。

随着金融科技公司的出现，银行慢慢认识到，他们不仅要与其他银行竞争，还要与站在科技前沿的新贵们竞争。不久，他们还会意识到，市场上的竞争者比他们想象的还要多。如果我们考虑技术上、数据上和对客户了解程度上的优势，就有理由认为，至少在某种程度上，世界上几乎每一家公司都有成为金融服务公司的潜力。

新的金融科技公司将精力集中在某个产品，甚至某个产品的某个方面上，投入技术和专业知识，只为将其完美呈现。这点在贷款方面表现尤为明显。银行家们曾经认为，硅谷的技术人员缺乏开发正确产品和管理贷款风险的专业知识，但如今这些功能越来越多地可以由软件自动完成。随着金融服务越来越数字化，科技公司对这些产品的开发越来越得心应手。

投资者问企业家的第一个问题通常是："你要解决的问题是什么？"发展金融科技是为了解决具体问题，比如合并信用卡债务，而银行不再提供相关解决方案了。对于在金融危机后成长起来的一代人而言，银行就像一项公用事业，而不是寻求满足客户、提供优质解决方案的机构。我们在本书后面的章节中会了解到，为什么这种被称为"银行即服务"的公用事业的大众视角，会为银行业提供不能错过的机会，因为它在嵌入式金融时代为银行带来了机遇。

对于那些受到诱惑，背上了无力偿还的贷款的购房者们，银行取消了他们的房屋赎回权。这一事实，进一步强化了人们对这种"公用事业"的认知。早期的金融科技公司利用了这一点。他们强调，当客户倒霉的时候，比如客户无法还清每月信用卡欠款或者账户透支的时候，就是银行赚钱的时候。客户有理由怀疑银行是否和他们利益一致。银行和客户之间的利益冲突导致双方进一步疏远，也让消费者更有可能去寻找向银行求助以外的解决方案。

这种冲突不仅是理论上的。2020年，美国银行从账户透支中，一共收取了约88亿美元的管理费用。这是一个在非同寻常的年份中的一个非同寻常的低数字（见图2-1）。前一年，银行收取了超过120亿美元的管理费用。以绝对数值而论，摩根大通和美国银行收的钱最多，但与地区性和中型的金融机构相比，透支账户的管理费用对它的盈亏底线贡献较小。

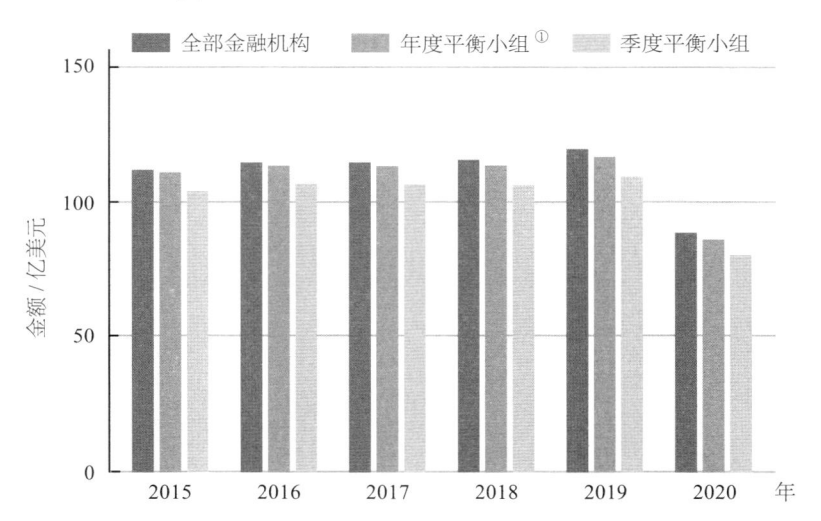

图2-1 在综合报告中，有关透支/余额不足账户管理费用的年度汇总
来源：2021年12月消费者金融权益保护局（CFPB）报告（公开部分）。

---

① "年度平衡小组"这一术语，在本图所在的报告中有完整解释，指的是报告在719家银行中选了425家年度数据靠谱的银行。图中的"季度平衡小组"解释与此类似。——译者注

新型银行登台亮相

整个 21 世纪 10 年代,银行业一直在分拆,创业型的金融科技公司几乎复制了,并且在大多数情况下改进了银行的每一项业务,甚至重新创建了远离客户体验的后台功能。

这种持续的创新导致一类新的金融科技公司诞生,他们被称为新型银行——他们是从头搭建的纯数字化银行。新型银行的目标是把客户体验从银行手中完全接管过来,并为客户提供一系列产品。不过一般来讲,这些产品的范围小于银行提供的产品。

第一批新型银行诞生于金融科技发展的早期,其中有沙米尔·卡尔卡尔(Shamir Karkal)和乔希·赖克(Josh Reich)共同创立的 Simple 公司以及布雷特·金(Brett King)创立的 Moven 公司,他们是美国零售业的两个著名例子。这两家公司在开始时都引发了业界的强烈关注。Simple 公司以金融服务领域第二高的净推荐值(net promoter score,NPS,亦可称为口碑)而闻名,它仅次于为军队及其家庭成员服务的联合服务汽车协会(USAA)。

Simple 公司

成立:2009 年

市值：N/A

员工：N/A

早期发展历程

Simple 公司由沙米尔·卡尔卡尔和乔希·赖克共同创立，目的是向经历了 2008—2009 年金融危机之后感到幻灭的民众提供清晰、透明的数字银行服务。Simple 公司是美国新型银行的典范。

Simple 公司完全在线上运营，开创了"安全消费"（Safe to Spend）功能，并以其直接高效的客户服务而闻名。2014 年，它被全球性的西班牙对外银行（BBVA）以 1.17 亿美元收购，并于 2021 年关闭服务。

Simple 公司

沙米尔·卡尔卡尔还记得"Simple 公司"这个想法刚出现时的情景：

我和乔希是好朋友。我们当时在一起闲谈。他给我发了封邮件说："我们开一家零售银行吧。"我记得那是在 2009 年。我们花了很多时间谈论金融危机以及2007—2009年发生的一切。他和我谈创业这件事并不完全出乎我的意料,但是,开一家零售银行?这有点离谱。他阐述了客户如何憎恨现有的银行。整个银行的金融模式都是围绕着向客户出售更多的产品和收取更多的费用而建立起来的。客户究竟需要什么,根本没机会说清楚。客户需要的是财务健康,需要利用自己的钱,过上更好的生活。银行出售的产品和客户需要的服务严重脱节。乔希的想法就是:"好吧,我们要建立一个简单的、易于使用的、对客户友好的银行来保存你的钱,帮助你付账,在你需要的时候为你贷款,不妨碍你,让你过你自己的生活。"这是一个非常吸引人的想法。我读了那封邮件,心想:"天哪,我们应该现在就做这件事。"那时候,脸书〔(Facebook),现名元宇宙(Meta)〕和推特(Twitter)已经开始腾飞。然而,大多数银行在当时甚至还没有相应的手机应用程序。

乔希和沙米尔建立了一个网站。网站上这样写:"嘿,我们要建立一个更好的银行。如果你喜欢这个构思,给我们发一封电子邮件,我们将把你添加到候补名单当中。"在该公司推出第一款产品之前,已经有20万人注册了。

Simple公司开发了许多创新功能,其中有一个显示"安全消费"金额的功能,可以帮助客户在预算内花钱。Simple公司还在客户体验上投入了大量心血,包括客户服务。赖克和卡尔卡尔都投入了很多时间、熬了很多夜,帮助公司的早期客户解决问题。Simple 公司最终被卖给了全球性的西班牙对外银行。

Moven 公司

成立:2011 年

市值:4.18 亿美元

员工:49

早期发展历程

银行业顾问布雷特·金在 2011 年创立了 Moven 公司,定位就是主打移动特色的银行服务。布雷特·金和 Moven 公司都是移动支付的坚定倡导者。早在苹果手机具备近场通信功能(NFC)的多年前,该公司就为客户提供了和零售终端(point-of-sale,POS)一起使用的非接触式标签。Moven 公司的应用程序可以和其他银行的银行卡相连,并且可以提供比发卡行更多的关于这张卡片的费用信息和背景信息。

Moven 公司仍然是一家私人公司,它的业务重心已经从消费者转移到了银行,多家全球性银行都是它的客户。

Moven 公司

2009年,布雷特·金还是一名银行业顾问,他那时出版了一本关于银行业未来的书,《银行业 2.0》(*Bank 2.0*):

我参加了巡回售书活动,一路上谈论着银行业以及它将如何随着科技的发展而演化。我告诉人们,他们将来可以下载自己的银行账户。银行账户会嵌入他们的手机里,他们会用手机付款。手机会在花钱方面给他们指导和建议。这就是我在书中提到的愿景。我和一些来自美国加利福尼亚州的风险投资公司谈过,他们说:"你知道吗?银行不会做这件事的,那还有谁会做呢?"我说:"我会做。"就在当天下午,我回到家,注册了移动银行网(movenbank.com)这个域名,然后起了个名字 Movenbank,后来又去掉 bank,变成了 Moven。那是 2010 年 8 月 18 日。当时,还没有"新型银行"或者"挑战者银行"(challenger bank)这样的词。Simple 公司的赖克、卡尔卡尔还有我,我们经常电话沟通、开展合作,因为当时还没有其他人做这方面的事情。所以我们当时称自己为"不是银行的银行"。然后出现了"新型银行"这个词。我想是戴夫·伯奇(Dave Birch,数字金融服务领域的写手和评论员)提出这个词的。

布雷特·金又接着说：

我们是世界上第一家支持移动终端的虚拟银行。我们这家公司至少首创了通过手机应用程序内的申请，就可以在 Moven 开立银行账户，并获得一张借记卡的服务。我们在 2012 年推出了这项功能。我们还创造了很多其他的第一。我们的手机银行应用程序第一次使用了完全不同于一般网上银行的首页界面，不光列出你的账户，还提供其他服务。我们把消费计量表和支出路径放在应用程序上，财务健康是我们关注的重点。我们是第一个做非接触式支付的，那时还没有苹果钱包（Apple Wallet）和谷歌支付（Google Pay）。所以，我们在顾客的手机背面贴一张非接触式标签，最初采用的是无线射频识别（RFID）技术，然后是 NFC 标签。我们是第一个为顾客的花销实时进行分类的公司，我们在 2013 年就做到了这一点。我们在这个领域确实是开拓者。但问题是，我们太超前了。在 2013 年，我们在美国拥有 25 万名客户。

金认为，尽管 Moven 公司很有吸引力，但它的理念太超前了。不过它的功能对随后的新型银行和传统银行都产生了影响，并且在 Moven 公司转型为"银行即服务"工具供应商之后，这些功能仍然是它的卖点。

我们和市场的差距仅在于，我们银行账户会变成非接触式的、基于云端的、能够指导你如何花钱的银行账户。我们过去经常谈论的最大卖点是，你去商店刷卡，但是你不知道自己的余额还剩多少。你不知道这次花的钱是应该花的还是不应该花的，你唯一知道的就是这次交易是不是被批准了。在日常消费方面，并没有太多的背景数据帮你做出决策。这就是我们对 Moven 的定位，我们最初的想法就是给你一个明智的反馈。如果你正从出租车上下来，你的手机就会给你发一条信息，上面写着："嘿，你这个月在优步（Uber）网约车上花了 200 美元。"或者你从星巴克出来，手机就会告诉你："嘿，你这个月在外面吃饭喝咖啡花了 400 美元。"这会引起你行为的变化，因为大多数人只是没有意识到他们在那些活动上花了那么多的钱。因此，让人们意识到这些事情是改变行为方式、让人们在财务上更健康的一种手段，这就是 Moven 公司一直采取的做法。

为什么这些早期的新型银行赢得了社会的关注？因为他们专注于技术，用户使用起来异常简单，而且他们在客户体验上下了双倍的功夫。新型银行的概念不仅在美国受到追捧，在大西洋彼岸同样广受青睐。芬多（Fidor）公司、紫檀（Monzo）公司、斯塔林（Starling）公司和 N26 公司，都是欧洲著名的新型银行的例子。

基石顾问公司（Cornerstone Advisors）的首席研究官罗恩·舍夫

林（RonShevlin）凭借其在诸多问题上的独特观点而闻名。他认为，与银行的竞争对手相比，新型银行其实并没有获得明显的关注。他说：

我认为他们并没有刻意去赢得什么关注，但他们感知到的银行业的缺陷，这些感知有一种是正确的，还有一种是错误的。错误的那种就是，他们认为消费者不想面对面地、真正和人打交道。而正确的那种就是，如果不通过银行网点，就可以降低金融服务的交付成本。

换言之，数字化是可行的，但并不是因为客户不想和人打交道。舍夫林表示，新型银行的成功在于为特定的细分市场服务，比如为有环保意识的客户提供服务的志远（Aspiration）公司，或者为刚入职的医生提供服务的妙药（Panacea）公司。

这些新型银行都是在对业界进行了多年的研究，使用了最新的技术，在某些情况下采用了最新的业务模式后建立起来的。但新型银行并不一定要成为一家在垂直领域拥有所有技术方案的公司。他们通常要与其他科技公司合作，获得特定领域的专门产品，而和银行的合作往往处于业务堆栈的最底层。在欧洲和美国，使用银行牌照是一个早期的重要步骤。有些新型银行最终获得了自己的银行牌照。

尽管早期的新型银行受到了关注，也获得了大量的风险投资，但他们获得的关注并不足以向传统银行发起真正的挑战，更不用说挑战那些拥有数百万用户的超级银行了。近年来，情况发生了一些转变。如今，一些新型银行受到了极大的关注，比如千绵（Chime，美国，市值350亿美元）、弩行（NuBank，巴西，在纽交所上市时市值415亿美元）、挑战者（Revolut，全球，市值330亿美元）和提尼科夫银行（Tinkoff，俄罗斯，市值225亿美元）。总体而言，业内人士认为他们是成功的。上面列出的每家新型银行都使用了不同的模式为客户提供相对全面的业务。

那些成功的新型银行有什么与众不同之处？提到NuBank时，财富博客"金融人"（The Finanser）的创始人、作家、评论家克里斯·斯金纳（Chris Skinner）认为，NuBank之所以格外成功，是因为它努力实现了普惠金融，而该地区的许多银行至今都不明白这意味着什么。普惠金融最简单的形式就是向负担不起银行服务的人提供银行服务。在NuBank的客户中，大约有20%的人是以前从未接受过银行服务的人。许多新型银行正试图以类似的方式与传统银行竞争。在当今的世界上，客户需要数字连接。Bunq（邦奇）、Starling和Tinkoff银行是几家理解这一概念的新型银行，他们成功地和那些从未接受过银行服务的人建立起了数字连接。

一般来说，新型银行都是从某一特定产品起步，但有些银行在产品的延伸扩展方面做得很好，吸引了人们的注意，增加了他们与客户接触的机会，增加了客户的终身价值（customer lifetime value，CLV），扩展了整个目标市场。这一更大的趋势被称为银行业的重新捆绑，现在也被称为超级应用程序（Super Apps）。

这些重新捆绑的、数字化优先的银行与传统银行有什么区别？区别就在于客户细分。许多新型银行在起步时就瞄准了特定的细分人群，比如千禧一代[①]或者旅行者。在全球范围内，甚至兴起了一股更加专业化的浪潮。人们认为，专业化以及对核心客户的深入了解是潜在的制胜法宝。

有了新型银行提供的数字化优先（或者纯数字化）服务，人们可以在任何场景中，按照选择方式或者按照需要获得银行服务。为移民提供金融服务的 Monese 公司等，正在为他们的客户解决特定的问题，并且正在开发有针对性的产品。

与此同时，那些以专业化产品起家的新型银行，正在将服务范围从初期高度细分的客户群，扩展到更广泛的客户群当中，以实现规模化效益，达到增长目标。最初主要以旅行者为目标客户的 Revolut 公司，将它的金融服务从多币种账户和廉价外汇账户扩展到了投资、加密货币和储蓄业务，甚至还推出了面向中小企业的服务，以保持增长

---

① 指出生于20世纪且20世纪时未成年，在跨入21世纪（即2000年）以后达到成年年龄的一代人。——编者注

速度、增加市场覆盖率。Tinkoff 银行最初提供的也是一款简单的信用产品，后来成为一款超级应用程序，覆盖了俄罗斯的大部分客户群，它还计划将业务扩展到菲律宾。

不同时代的人的行为变化

嵌入式金融是金融科技公司的一次技术提升，因为那些成功部署了嵌入式金融的公司已经有了可观的客户群体。纵观金融科技公司的发展历史，尽管它占据了新闻头条，并有大量的资金涌入，但它一直在为获取客户而挣扎。这是每个金融科技公司的一项最大成本。这里的部分原因在于，与社交和其他类型的手机应用程序相比，金融科技公司的应用程序更不容易像病毒那样传播。你每天看社交软件的次数有多少？而你看手机银行应用程序的次数又是多少？当你打开手机银行应用程序时，你会看多长时间？你可能会把一个新的社交网络介绍给你的朋友，因为你想邀请他们加入，有他们的陪伴，你在这个平台上的体验会更好。但是，你不会告诉你的朋友一个新的、热门的贷款应用程序，告诉他这个应用程序可以帮助你整合你的信用卡债务。因为谈论债务甚至财富可能让人尴尬、不舒服，而且你和你的朋友通常没有机会在这种应用程序里连接并合作。一个例外的情况是 P2P（个人对个人）应用程序。在这种应用程序中，你需要和你的交易对手处于同一个网络中。

尽管现在这个时期仍然是 Z 世代[①]消费者财务生活的早期阶段，但有迹象表明，他们对金钱抱有更开放的态度，也更愿意分享个人信息。这种情况确实发生在比如抖音这样的平台上，表现在对"抖音金融社区"（FinTok）以及"金融网红"（Finfluencers）的狂热上。比如，截至到 2022 年 1 月，理财达人奎妮·塔恩（Queenie Tan）有近 12 万粉丝，安德烈斯·加尔扎（Andres Garza，也被称为 @capital_inteligente）有近 100 万粉丝。他们公开谈论开放的话题，让金融知识变得更加酷炫，更贴近生活。

贝宝公司旗下的 Venmo 是一个 P2P 移动支付应用程序。通过它，我们可以看到年轻一代这种开放分享的趋势。Venmo 是一个早期试验者，旨在让人们把彼此的互动分享出去。它鼓励用户邀请来自其他社交平台的朋友，通过在交易描述中添加表情符号，让支付变得更有趣。尽管这款应用程序把隐私设置成了默认选项，但它最初的一个价值定位就是向朋友展示你在哪里以及如何消费。像 Venmo 这样的 P2P 领域中的公司仍在增长。我们可以量化一下这种公司的规模：Venmo 在 2020 年完成了 26 亿笔交易，交易金额为 1590 亿美元，比

---

① Z 世代通常是指 1995 年至 2009 年出生的一代人，他们一出生就与网络信息时代无缝对接，受数字信息技术、即时通信设备、智能手机产品等影响比较大。——译者注

上一年增长 56%。

> **个案研究：Tinkoff 银行**
>
> Tinkoff 银行的发展历程十分独特。它成立于 2006 年，那时新型银行的浪潮还未来临。当时，它的创始人奥列格·廷科夫（Oleg Tinkov）在美国待了一段时间，其间收到了大量的邀请申请信用卡的邮件，这让他大感惊讶。从人均信用卡的数量上看，在美国，每人有两到三张信用卡，而在俄罗斯每人只有这个数字的零头。他看准了这个机会，在俄罗斯收购了一家银行，并成立了 Tinkoff 银行。Tinkoff 银行最初专注在通过邮件销售信用卡上。这是一个艰难的过程，需要进行重要的优化，包括测试字体、测试签名位置等，以便最大限度地获取客户。这些工作在 Tinkoff 银行内部创造出一种测试并学习的心态，并为公司内部持续的数据分析奠定了基础。2007—2008 年，金融危机爆发，Tinkoff 银行改变了它的融资模式，将大部分业务转到线上，并开展了存款业务。
>
> 在接下来的几年里，Tinkoff 银行的客户越来越多，需要为他们提供越来越多的服务。这促使 Tinkoff 银行推出了一整套产品，包括信用卡、个人贷款、结账柜台贷款，而且最终推出

了住房净值贷款和汽车贷款等抵押担保产品。在金融交易方面，Tinkoff银行推出了借记卡以及一个大型零售商中介平台，囊括了俄罗斯市场上70%的活跃客户，还有一个集中在汽车保险领域的保险业务。它还推出一个中小企业银行和收单业务，借此进入企业对企业（B2B）领域——Tinkoff银行现在是俄罗斯第二大在线信用卡收单行。

多年来，Tinkoff银行的数据模型的精密程度得到了大幅度提高，这是因为它正在成为客户的首选银行。它可以收集到客户非常全面的数据，帮助银行在正确的时间以正确的价格向这些客户提供正确的产品。随着时间的推移，Tinkoff银行还向自己的数据模型中添加了外部数据源。Tinkoff银行战略副总裁内里·托拉多（NeriTollardo）表示，自从Tinkoff银行成立以来，它已经收到并受理了2.5亿份信贷申请，这意味着大多数俄罗斯人都申请过Tinkoff银行的产品。所有这些数据都可以用来丰富Tinkoff的数据模型，帮助这些模型变得更加精确，而且现在还可以利用人工智能来改进预测。Tinkoff银行的理念很简单：为了客户的利益使用数据，确保银行可以满足客户的金融需求。

说到目标市场，Tinkoff银行的客户群也随着时间的推移发生了变化。它最初是一家地区性的、面向大众市场的信用卡发卡机构，它远离俄罗斯的大城市，主要集中在一些不一定有银行网点的小城镇。借记卡和移动应用的推出，吸引了更富裕、更年轻、更数字化的客户群体，Tinkoff银行为此开发了一定数量的新业务。尽管这些客户不一定对信用卡感兴趣，但他们希望开立经纪账户，并为他们的汽车购买保险。Tinkoff银行还为高净值人士推出了私人银行业务。如今，Tinkoff银行拥有1400万活跃用户，覆盖了俄罗斯所有的细分客户群。内里·托拉多相信，对于每个人，Tinkoff银行都有适合他的产品。

Tinkoff银行称自己的应用程序是一款金融超级应用程序。它与中国的超级应用程序不同，后者还提供网约车和外卖等服务。Tinkoff银行的应用程序在一个单一界面上，让用户看到所有可用的金融服务，不管他们是不是已经在使用这些服务。这里的想法是以一种对他们有意义的方式增加交叉销售的可能性。Tinkoff银行在应用程序中开发了一系列的内容和服务，包括文章，类似照片墙（Instagram）的快拍分享，提供各种奖券和票务，使用户乐于再次光顾并参与其中、最终推动交叉销售。内里·托拉多解释道：

使用我们的应用程序，如果他们是超级体育迷，我们会告诉他们这个周末有一场足球比赛，他们可以买球票、机票和预订酒店。你可以在应用程序中完成许多与你的生活有关的活动，比如预订演出票或者体育比赛的门票。这给了客户一个额外的理由，让他们回到应用程序中，在里面花更多的时间，做一些让他们获得积极感受的事情。显然，当他们这样做的时候，会提高其使用Tinkoff银行应用程序的频率。

Tinkoff银行还会与商家协商价格，并向它的用户提供返现。这一策略无疑是有效的，在Tinkoff银行1400万月度活跃用户中，有500万是Tinkoff银行应用程序的日活跃用户。

在讨论客户细分的卓越表现和新型银行的成功时，我们不能不提到传统金融服务的一部分参与者——特别是信用合作社，它是金融服务领域客户细分的先驱。

许多通常被认为是新型银行利用其先进技术细分客户完成的创新，其实最先出现在信用合作社或者建房互助协会当中。信用合作社为特定的群体服务，比如同一企业的或者同一行业的员工，因此，它在调整服务满足客户，也就是其成员的需求方面是有优势的。信用合作社的种类很多，比如面向军人、教师、服务业员工的，这个名单可以拉得很长。

有一些简单的例子可以说明，在数据的使用上，信用合作社处于领先地位，比如基于直接存款信息的单一数据提前发放工资等；不过，利用数据让消费者受益，仍然是新型银行的招牌功能。这一代新型银行和信用合作社的关键不同就在于，新型银行的核心能力体现在利用技术和数据作为它的主要竞争优势。依靠这些信息，下一代新型银行可以帮助来自不同社区的人，无论身处何地，都会成为这一发展趋势中的一部分。

提供这种基于数据和对客户的真正了解的定制服务，是嵌入式金融领先的地方。

中国的金融科技发展

亚辛·拉贾吉（Yassine Regragui）是研究金融科技和中国问题的专家。他解释说，中国在金融科技方面的发展非常独特。中国的金融科技始于 2003 年，当时的支付宝是一种第三方托管服务，目的是在电子商务平台淘宝的买家和卖家之间建立信任。随着时间的推移，支付宝如今成了几乎所有中国人都在使用的超级应用程序。支付宝及其竞争对手微信目前占据了中国移动支付市场的 95% 以上，他们的服务范围也远远超出了金融服务，进入人们生活中的各个领域。客户在使用这些超级应用程序时，有超过 50% 以上的时间是在使用与生活服务相关的功能。这种情况在中国非常普遍，而在东南亚、欧洲、美国和其他国家，我们也看到了类似的情况，因为这些支付应用程序正在扩展它的功能，正在融入用户的日常生活当中。自然整合进这些超级应用程序中的金融服务以及中国的消费者习惯在一个地方解决大部分需求的事实，使中国走在了金融科技创新的前沿。这在很大程度上归功于科技巨头公司的平台在金融创新方面的带头作用以及一个鼓励竞争的先进的监管机构，还有银行早期采用的能够连接科技巨头们的基于 API 的服务。

中国创新和技术快速发展可以归功于几个因素。第一个因素是，启动这些支付服务的是公司而不是银行，包括作为电子商务平台的阿里巴巴和作为游戏、社交或即时通信平台的腾讯，他们都与自己的用户建立了联系。许多美国玩家对于腾讯推出的热门游戏，包括《堡垒之夜》和《绝地求生》都很熟悉。这种客户关系以及中国人对新服务更加开放的文化倾向，使中国用户能够快速和一致地使用公司部署的新服务。第二个因素是生态系统。这两个科技巨头都有许多外部服务连接到了他们的内部生态系统（超级应用程序）上，创造了光环效应，并通过他们合作伙伴的品牌在外部建立起信任。最后一个因素是中国监管机构的开放和支持，他们鼓励更多的竞争者进入，以刺激创新。

嵌入式金融来了

嵌入式金融生态系统的发展需要时间。第一，银行需要将它的产品数字化，并通过 API 开放产品和服务，允许 2 个网站或 2 个应用程序之间进行通信和数据传递。第二，需要出现一个成熟的金融科技部门，开始与银行技术进行连接，以便为他们的客户、消费者或者企业提供升级版本的服务。第三，对于提供金融服务的非银行机构，监管部门也要软化态度。第四，各家公司需要了解嵌入式金融提供的机会，并找到适合自己产品的地方。那些采用"软件即服务"模式的公司，看到了金融产品的价值，这些产品可能成为他们业务中最赚钱的部分。科技巨头公司拥有受众以及创新的灵活性，并且已经在寻找解决方案，提高客户黏性和品牌忠诚度，并使自己的收入来源更加多样化。他们也有用户的数据，可以利用这些数据以最好的价格、最小的风险提供最好的金融服务。最后一点是，大多数人已经在心理上做好了准备，可以在不同的购物环境和不同的分销渠道下，接受新的金融服务产品。

嵌入式金融应用时代已经正式到来了，你做好准备了吗？

总结

嵌入式金融是客户获得金融服务的新方式。客户不用去银行，只要在他们日常生活的环境下，在他们已经使用的服务中，就能获得嵌入式金融提供的金融产品。2008年金融危机后出现的金融服务与技术的融合，产生了金融科技。而嵌入式金融诞生于金融科技公司。

- 银行一直在使用最新的科技成果向客户提供服务。嵌入式金融是这一发展进程的新成果。但这一次不是银行自己向客户提供服务，而是银行利用科技公司和品牌公司作为新的渠道向更多的客户提供服务。

- 金融科技改变了客户对金融服务的预期。金融科技优先考虑的是便利性和用户体验，它是通过移动设备交付的。

- 面向消费者的公司正在努力与银行和金融科技公司合作，在自己的业务场景下为客户提供金融服务，最大限度地方便客户。

第三章 嵌入式金融与公司

在第二章，我们回顾了金融服务的历史。从最初问世之日开始，金融服务就一直是社会中不可或缺的东西。随着技术进步，人们开发出越来越复杂的金融系统与客户连接。货币的概念变得越来越抽象，客户离它越来越远，它对于客户甚至是隐形的。嵌入式金融在这一发展过程中，扮演着至关重要的角色，它负责在非金融环境中为客户提供金融产品。

在本章中，我们将探讨科技公司如何利用嵌入式金融，更好地为客户服务以及嵌入式金融对客户和公司自身的商业模式产生了何种影响。

嵌入式金融与科技公司

通常情况下，无论是在新闻还是在社交媒体上，我们都会听到一些科技巨头的消息，比如脸书、亚马逊（Amazon）、谷歌、苹果等公司。我们之所以列出这4家公司，是因为截至2020年，这4家科技巨头公司的总市值超过5万亿美元。在公开市场上市值最高的5家美国公司中，就有这4家。你会有多频繁地使用这4家公司中某1家的产品？我们的推测是，你一天之中会多次使用某几个（如果不是全部的话）公司的产品。科技巨头公司拥有庞大的客户群，他们已经成为我们生活中的一部分。这些公司似乎涉足了几乎所有领域，金融服务业也不例外。几十年来，他们一直在向金融服务领域进军；但他们并不一定要取代银行，也没有必要这样做。投资者和消费者似乎更喜欢科技公司而不是银行，因此，非但谷歌不会声称自己是银行，第一资本（Capital One）以及其他许多大银行，也都反而在声称自己是科技公司。

2019年，贝恩咨询公司（Bain & Company）进行了一项调查，采访了30个国家超过15万名消费者，得出结论（见图3–1）："54%的受访者相比于一般银行，至少更信任一家科技公司；29%的受访者相比于自己的首选银行，至少更信任一家科技公司。"

各国受访者相比于一般银行，至少更信任一家科技公司的占比情况

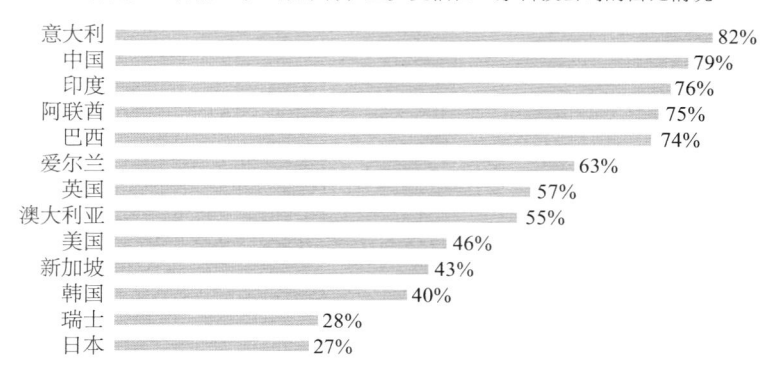

意大利	82%
中国	79%
印度	76%
阿联酋	75%
巴西	74%
爱尔兰	63%
英国	57%
澳大利亚	55%
美国	46%
新加坡	43%
韩国	40%
瑞士	28%
日本	27%

图3–1 人们普遍不信任银行

来源：卡特里娜·卡瑟尔（Katrina Cuthell），贝恩咨询公司，2019年。
注：受访者被要求根据把自己的钱交给科技公司（包括全球的和本地的）或者银行来打理的意愿，对这些机构进行排名。
来源：贝恩咨询公司/即刻调查SSI（ResearchNowSSI）咨询公司《2018年零售银行净推荐值调查报告》（*Retail Banking NPS Survey, 2018*）。

在进一步研究科技公司以及他们参与金融服务的细节之前，让我们站在更高的角度概览一下嵌入式金融以及它在今天的发展情况。所谓嵌入式金融，顾名思义，任何公司都可以在自己客户需要的时候为他们提供金融服务，在价值链中发挥每个环节的优势。受到监管的金融机构创建基本产品（例如支票账户），作为中介的金融科技公司通过 API 把这些基本产品开放出来，允许金融科技公司的中介软件和面向消费者的科技公司的软件连接起来并交换数据，面向消费者的科技公司使用这些数据向客户提供服务。这些服务是在业务进行中提供的，是在购买发生时作为一项附加服务提供的。它对客户有好处，而且是自然地融入他们的金融生活当中的。

嵌入式金融对科技巨头公司是有好处的，因为这些公司了解自己的客户，与客户有着牢固的联系，而且可以利用他们的数据预测他们的需求，在正确的时间以正确的价格提供正确的产品。科技巨头公司擅长改善客户的生活。苹果公司会提供设计精美的产品。谷歌公司会提供一系列实用的服务。亚马逊公司会精心打造客户体验和客户服务。脸书公司会为客户提供与朋友、爱人的联系。

正如前面提到的那样，支付是创业公司和科技公司涉足金融服务领域时最先接触的一项业务，也是银行业最先撤出的一项业务，因为它的利润率太低了。这是典型的创新者困境：就像欧洲和美国的钢铁企业专注在高质量、高利润的钢铁上，而将低利润、低质量的钢铁生产让给印度或者其他地区的小型生产商一样。但最终，这些低利润的生产商会发展出专业技能和规模经济，从而在竞争中击败老牌公司。

银行的情况与此稍有出入。但银行在放弃支付领域时，它其实放弃的是数据。当其他公司接管客户的交易时，他们同时可以获得支付数据。当科技公司管理小企业的现金流时，他们就获得了发放贷款的能力，因为他们了解小企业的业务是如何运作的。正如数字金融服务的写手兼评论员戴夫·伯奇指出的那样，有一种转变发生了：从拥有账户变为拥有数据。银行已经放弃了很多数据，而这为嵌入式金融提供了巨大的机会。

在数字时代来临之前，（也许）除了政府之外，就数金融机构对客户的生活最了如指掌了。当客户申请汽车贷款、住房抵押贷款或者人寿保险时，他们的银行会看到这些支付信息，而这些是描述人们重大生活事件的有力指标。但如今，人们更多的是从网上寻找合适的产品，有少数几家科技公司对客户的这些寻找行为有着长久、完整的记录。谷歌公司以及脸书公司的业务，正是基于这些数据建立起来的。有多少次你在网上为你的配偶或者孩子搜寻过礼物后，会在你的社交媒体上看到类似产品的广告？这些都发生了根本性的转变。而大部分这类决策，尤其是有关购买意愿的决策，金融机构并不知道。进入数字时代以后，金融机构已经失去了它在观察客户消费生活方面一枝独秀的地位。

满足所有的财务需求

满足客户的财务需求看似是一个简单的概念,但纵观历史,要想执行好它,极具挑战性。通过嵌入式金融,几乎每一种金融服务都可以通过 API 提供给客户。这里包括:开放式银行服务和信用卡处理服务;数字钱包和跨境支付等支付服务;传统银行服务,比如支票和储蓄账户;贷款;信用评分。让我们更详细地看看其中一些产品。

数字钱包

数字钱包是一种存储支付凭证的软件。最常见的支付凭证是银行卡。作为苹果手机操作系统一部分的苹果支付(Apple Pay)和基于手机应用程序的谷歌支付都是有名的数字钱包。这两者都是科技公司在传统金融服务的基础上开发的金融产品。谷歌支付使用 Wise 公司提供的 API 为用户提供国际支付。Wise 公司以前叫转账通(Transferwise),是低摩擦国际汇款业务的领导者。

苹果支付和谷歌支付是科技公司利用嵌入式金融为正在结账的客户提供更好的用户体验的例子。如果可以点开手机立即支付,为什么还要从口袋里掏出钱包,再打开来掏出一张信用卡,然后刷卡呢?有多少次你去加油站或商店买东西,结果却发现把钱包忘在家里了?有了数字钱包,你需要做的就是带上手机或者智能手表,而这两样东西人们现在通常都是随身携带。数字钱包并不仅是实体钱包的替代品，他们可以成为通向多个供应商提供的大量金融服务的入口。预计未来几年，数字钱包将在我们的全部金融生活中扮演更重要的角色。

储蓄账户

人们认为，拥有储蓄账户是件好事，但并不是必需的。主要原因是从财务专业的角度看，储蓄并不是优先级最高的事情，而且许多人没有相关的知识，在很多情况下，也存不下那么多钱。除此之外，许多在传统的储蓄账户中存钱的人，经常对他们的低利率感到沮丧。在这种利率下，有些人觉得还不如把钱放在存钱罐里。

不过，这种心态正在转变，尤其在Z世代群体中更是如此。作为一个群体，他们正在急切地寻找存钱的方法，以便应对前辈们遇到过的挑战。很自然地，Z世代群体会认为，那些推动储蓄的公司是有价值的公司。全国高级中学学者协会（National Society of High School Scholars）在2018年的一项研究报告中称，近半数年轻人希望在20多岁时开始储蓄，能再早一些更好。

建立一个储蓄账户，无论是出于健康、教育，还是退休等原因，都是增强品牌长期忠诚度的强大动力，而且公司现在有能力在消费者购买产品时建立起这种联系。想象一下，你可以自然地融入客户的日常生活，通过这种方式，帮助他们积累财富，改善他们的生活。这种情况已经在金融服务领域里发生了。像美国银行这样的银行提供了一种功能，可以将你每笔消费的找零汇总起来，并将这些钱存入你的储蓄账户。这样的储蓄概念开始获得关注。专注于"储蓄即服务"的金融科技公司雷斯恩（Raisin）是该领域的佼佼者之一。虽然该公司目前的大多数合作伙伴都是银行和新型银行，但毫无疑问，嵌入式金融的应用实例很快就会遍地开花。

国际跨境支付

对于那些在国外工作或有家人在国外的客户来说，跨境支付长期以来一直是一个痛点。电汇等传统银行服务的过程烦琐而昂贵，近几十年来几乎没有变化。而使用微信、飞羽（Remigly）和全球汇（Worldremit）等手机应用程序的用户却可以快速、廉价地跨境汇款。飞汇公司（Flywire）帮助在国外的留学生支付学费，还为在其他国家接受医疗救治的患者提供服务。飞汇公司与世界各地的2000多家公司合作，帮助他们收款，在收款人和付款人之间建立了牢固的联系。

贷款和"先买后付"

贷款和存款一样，都是金融服务的基本功能。如今，贷款和信贷领域的最大进步之一，发生在付款时"先买后付"的这种资金筹措方式上。那些无法获得其他形式贷款的客户，有可能通过"先买后付"获得贷款。它有助于在零售店家和买家之间建立纽带，同时也帮助商家避免向银行的支付网络支付高昂的费用，再加上网上购物，这极大地降低了消费者放弃购物的可能性，让销售额增加。我们将在第四章对"先买后付"进行更多的讨论，那一章主要关注的是非科技的实体公司。

科技巨头公司成为客户日常生活中的一部分

我们大多数人已经习惯了看平台的推送。这些推送似乎表明，平台比我们更了解我们自己。我们已经习惯了这样的场景：在和伴侣谈论去旅游时，平台运营者就好像一直在旁边偷听一样。结果，我们再次登录平台时，就会看到相关酒店的广告。

对于这件事，抛开好坏不谈，毫无疑问，科技巨头公司对我们了如指掌。而且，由于他们本质上就要促成交易，所以他们全都深入参与到支付领域当中——传统上，这是银行的地盘——而且他们也越来越多地进入贷款和信贷领域当中。但有了嵌入式金融，就意味着科技公司可以在客户的生活中扮演更重要的角色，并通过这种做法来赚取利润，赢得客户的忠诚。

让我们先谈谈客户的忠诚。关于这一点，我们向来强调的是，客户的体验和满足客户需求的重要性。但让我们看看另一面，忠诚度和品牌的亲和力。还记得苹果手机和它后续版本发布时的情景吗？人们纷纷涌向油管视频网（YouTube）和其他类似的流媒体网站，观看他人的开箱介绍视频——这是一段共同的回忆。

如果你拥有苹果手机，你还记得自己的第一部苹果手机吗？你还记得第一次打开包装盒时的感觉吗？它的设计和包装非常有苹果公司的风格，让你有种感觉，觉得自己是这个社群中的一员。人们这种对品牌的热情不仅是在电子设备上，在整个零售业的产品上都是如此。购买耐克产品的消费者印象最深刻的时刻之一就是打开限量版运动鞋包装盒的那一刻，他们全神贯注，不肯忽视任何一处细节。打开包装的每个环节都有一个故事和一个属于它的时刻。这种关联和真正的品牌亲和力，使这些标志性的品牌有别于传统的金融服务。上文提到的打开苹果手机包装盒的感觉，在你开立第一个银行账户，或者收到一张新的信用卡时有过类似的感觉吗？

前文提到，几乎没有科技公司愿意变成银行，这会让他们陷入监管和资本适足要求（capital requirements）① 的世界。那他们为什么要涉足嵌入式金融呢？这当然是为了获得收入，但同时也是为了提高客

---

① 资本适足要求规范了银行或存款机构如何处理资本。资产及资本的分类高度标准化，并按此计算其风险加权值。——译者注

户的忠诚度，最终获得客户的终身价值。据预测，到2030年，积极参与嵌入式金融的公司的市值将达到70000亿美元，这将是一个非常有吸引力的领域。

但是，客户为什么要委托科技公司打理他们的财务，而不是委托该领域的传统参与者——银行去做呢？正如前文图3-1中的数据显示的那样，与银行相比，大多数客户与技术供应商之间的关系更亲密，问题更少。我们与金钱的关系是复杂的，如果你唯一的财务经验就是花钱，然后是检查余额，或者收到缴费通知，那你大概不会对银行怀有什么暖意。科技公司提供更多样化的体验，钱是次要的。你可以在亚马逊上逛几个小时，阅读评论，发现新的产品，而不用买任何东西。但到了买东西的时候，你会觉得你对要买的东西了如指掌。

我们同时不该忘记的是科技巨头公司在金融创新方面的历史。移动支付现在已经成为数百万消费者日常生活中的一部分了。我们今天使用的这种最常见的服务，并不是由大银行创建的，而是由科技巨头公司跨越整个支付生态系统合作创建的。

科技公司可能并不完美，其中一些公司在隐私和客户数据方面，确实有过令人不安的行为，但大多数消费者不像政府那样关心这些细节，从他们自愿分享自己数据的行为来看，就证明了这一点。科技公司有办法让他们庞大的客户群满意，而且他们擅长销售。比起银行，人们不仅更信任科技公司，而且相信科技公司能够提供金融服务。麦肯锡公司在 2019 年的调查发现，58% 的客户表示，他们信任谷歌提供的金融服务。这并不令人意外。和其他科技巨头公司一样，谷歌拥有忠实的强大的品牌和追随者，在数十亿用户的网络中，它几乎无处不在。不光消费者，投资者也在押注科技股。为什么不呢？很少有人认为科技公司会在不久的将来收缩规模，或者失去他们的市场份额，除非遇到非常特殊的情况，比如国家禁止他们运营，或者监管机构干预他们运营。同一份麦肯锡的报告还发现，2020 年，七大科技公司的市值超过 80000 亿美元，几乎是美国前 200 家银行市值的 2 倍。

根据麦肯锡的报告，这种市值的差异至少在一定程度上是因为科技公司开始提供金融服务了。同时，人们也认为科技公司更能抵御经济危机。

嵌入式金融为客户提供了全新的体验，消除了以往烦琐的结账过程。比如优步的打车和送货服务，客户不必在到达机场时掏出钱包，也不必在食物送到家门口时掏钱结账。科技公司致力于创造卓越的用户体验，最终要在整个过程中完全排除"银行业"的影响。

因为科技巨头公司享有压倒性的、正面的客户情绪，所以他们有机会满足并超过客户的预期，进一步提高客户的忠诚度。事实证明，科技巨头公司十分擅长的一件事就是预测客户的需求。苹果公司证明，尽管消费者可能"永远是对的"，但有时必须有人强有力地引导他们，让他们放弃以前认为必不可少的东西，比如软盘驱动器、USB

（通用串行总线）端口和耳机插孔。科技巨头公司为客户提供他们想要的东西。如今，客户想要的是金融服务，至于他们是不是将这种服务称为金融服务，其实并不重要。

从新型银行到数字订阅，金融科技产品日臻成熟，这意味着现代客户越来越习惯在传统银行之外获得金融服务，满足自己的需求。如今，消费者在使用业务时，就可以获得金融服务，而不必去思考它，或者去其他地方寻找。他们希望在正确的时间，根据他们在最喜欢的品牌那里共享的数据，获得最适合他们的金融服务，享受那种便利和实用。数据一次又一次地表明，如果实用而且有帮助，那么消费者会乐意与他们喜欢的品牌有更多的互动。每个公司在研究完数据后，都必须问自己，你真的知道你的客户想要什么吗？你准备好以一种对客户有益的方式提供服务了吗？

看看苹果公司在过去十几年里涉足金融服务领域的做法。由于苹果支付应用内嵌在苹果公司的 iOS 操作系统中，因此客户可以在结账柜台或者在网上点击按钮直接支付。苹果与万事达卡（MasterCard）、高盛合作推出了苹果信用卡（Apple Card），并将苹果支付直接应用到苹果信用卡中。尽管苹果公司是一家硬件和软件制造商，但其服务，包括支付和信用卡服务，在其收入构成中所占的比例却越来越大。2021 年，苹果公司的服务收入比 2020 年增长了 25%。苹果支付还可以轻松地嵌入第三方开发的苹果手机新应用程序当中，因为这是它的操作系统自带的功能。

谷歌和亚马逊也提供了类似的支付功能,但各自的优势和客户占有率不同。不过,这些大型科技公司的做法究竟是个案还是普遍现象?没有这些结构优势的其他公司又如何参与到金融服务当中来呢?

谷歌、苹果、脸书和亚马逊以外的其他公司

到目前为止,我们谈论的主要是那些规模庞大的科技公司,但嵌入式金融并不局限在这些拥有巨额预算和数亿用户的公司里。任何受到客户信任的公司,任何有产品要卖给客户的公司,都可以提供金融服务。在本书中,我们会谈到这种情况以及他们的成功模式。

优步公司

作为一家网约车公司,优步很早就以隐形支付著称。一旦把银行卡绑定在应用程序中,用户就可以在不碰钱(或者不看价格)的情况下打车了。这种支付体验将在我们生活中的许多领域变得越来越普遍(我们稍后会讨论这一点),但优步吸引我们注意的是另外一个原因。

零工经济领域的公司——比如优步——拥有一个特殊的机会。优步聘用了大量的司机和送货员,他们按需工作,客户只需轻触手机屏

幕，就能召唤他们来服务。这些员工和公司之间不是传统的聘用关系，这些员工他们往往没有医疗保险，或者享受不到传统受聘者能享受到的其他保护。他们往往无法获得贷款。认识到这一点后，优步公司成为首批通过自己的应用程序为员工提供银行服务的公司。如果不这样做，优步的司机以及零工经济的从业者们，往往因为他们的工资发放形式不是传统的工资发放形式，财务状况不稳定，而很难获得这些服务。

毫不夸张地说，网约车公司和快递公司提供的银行服务，为员工和他们的家庭提供了生命线。一些司机需要在每天结束时拿出现金购买燃料、保养车，或者为他们的家庭支付快要到期的账单。随着他们的收入逐渐变得透明，公司就有可能向他们提供贷款，即使是向那些只有很少或者根本没有信用记录的司机们提供贷款。事实上，这种情况在墨西哥已经发生了。全球性的西班牙对外银行正在向优步司机提供贷款。

快送（Grab）公司

Grab 公司是东南亚网约车和送餐巨头，2018 年收购了优步的亚洲业务。它在亚洲 8 个国家运营，为司机、商家和用户提供支付、保险、贷款和财富管理等全方位的金融服务。它的做法帮助它成为亚洲最成功的超级应用程序之一。它的金融服务总支付额在 2018 年至

2020年期间的年复合增长率（CAGR）达到101%，从22亿美元增长到89亿美元；它的同期营收从9000万美元增长到3.42亿美元。Grab公司与新加坡电信（Singtel）一起申请了完整的数字银行牌照，这一事实显示出他们在金融服务领域的计划有多么宏大。使用这种模式，没有理由不获得增长。每一个传统机构无法提供服务的客户群体，都为挑战者提供了机会。而且现在的技术保证了产品可以快速迭代、被廉价分发给高度细分的目标客户群。

案例研究：购物范（Shopify）电商服务平台

与此相似，Shopify电子商务平台最初是为网上的卖家提供购物车功能的，而它现在已将业务扩展到了通常由传统金融机构提供的服务当中了。这家公司了解卖家的业务和现金流，这使它更容易理解独立公司的需求，也更容易为他们提供金融解决方案——而这些公司很少能获得现有金融产品的服务。Shopify提供的解决方案消除了创业者和公司在增长时面临的障碍。事实上，根据2021年的经济影响报告，Shopify每赚1美元，它平台上的商家就会赚40.82美元。

Shopify的创业故事和我们已经看到的很多故事一样。早在本世纪10年代末，Shopify的创始人兼首席执行官托比亚斯·卢克[Tobias Lütke，更为人熟知的名字是"托比（Tobi）"]想在网上建立一家卖滑雪板的公司。然后他意识到有许多障碍需要克服，而且克服起来很困难，尤其是建立支付的过程。托比和他的团队发现，大银行或者金融机构并没有针对独立公司提供什么金融工具。特别是，大银行不愿意与创业者以及独立公司合作，因为他们中的许多都失败了，投资这类公司的风险太大，极具挑战性。Shopify认为这是一个与各种创业者建立联系的好机会。Shopify把创业者放在优先位置，喜欢把自己的工作称为"武装叛军"，即，为世界的创造者和推动者提供"武器"装备，推动他们的创意和产品向前发展。当被问及Shopify成功的关键时，产品总监图伊·艾伦（Tui Allen）谈的是了解自己核心竞争力的重要性。对Shopify来说，这就是以商家为中心，尽力帮助创业者成功。考虑到作为一个企业主，每天要面临千头万绪的工作，Shopify花费了大量的精力专注在客户体验上。更具体地说，正如我们在其他大型科技公司看到的那样，Shopify的用户体验设计非常简单，以此鼓励客户广泛采用和持续使用它的服务。

当谈到Shopify在嵌入式金融方面的相关战略时，图伊介绍说，公司的战略集中在"三赢"模式上：

我认为，当你将嵌入式金融解决方案引入市场时，找到正确的商业模式和经济模式，达到三赢非常重要。我如何为客户带来价值？这些价值如何为客户的客户带来价值？我们如何确保我们的合作伙伴（如果我们有的话）的价值？

就这种体现了三赢的合作伙伴关系而言，Shopify 在金融科技领域与"支持"（Affirm）和"条纹"（Stripe）这两家金融科技公司的合作以及与缤趣（Pinterest）、抖音等社交媒体平台的打破常规的合作都取得了巨大的成功。

当被问及 Shopify 对于嵌入式金融对未来商业的重要性的看法时，图伊说："嵌入式金融仿佛融入了我们的基因。它是我们整个战略的核心。我们预计，随着我们在全球范围内为独立创业者消除更多的金融障碍以及摩擦点，嵌入式金融将继续增长。"这是对嵌入式金融的未来做出的强有力的声明。消除摩擦点对于处于各个阶段的企业"以一种快速、简便的方式重新架构他们的业务"都至关重要。

那么，哪些数字说明了 Shopify 的增长情况呢？截至 2021 年 10 月，Shopify 公司第三季度通过"Shopify 支付"处理的商品总值（GMV）为 205 亿美元。这一数字比去年同期增长了

49%。购物范资本（Shopify Capital）成立于 2016 年，是 Shopify 公司的一个业务部门，专为使用 Shopify 平台的企业提供融资服务。截至 2021 年 10 月，该公司在美国、加拿大和英国的商户已收到 27 亿美元的融资。

根据 Shopify 受关注的程度和到目前为止的增长速度，它在持续发展的嵌入式金融领域处于很有利的位置，将成为一个重要的参与者。通过前面提到的与 Affirm 和 Stripe 等公司在美国的新合作，Shopify 将更加深入地开展"先买后付"服务，并提供一个新的资金管理账户购物范财产（Shopify Balance）。根据图伊的说法，这个账户的愿景是成为"Shopify 平台上管理你的财务的核心节点，从在 Shopify 平台上只经营你的商铺或店面，过渡到经营你的整个业务"。这种对未来的展望，不仅和金融服务有关，而且和经营业务的方方面面，从货运到履约、到结账柜台（如果你的公司是实体公司的话），都息息相关。

让最终客户获益

就像图伊说的"三赢"策略一样，另一家金融科技公司——玛克塔（Marqeta）公司的创始人兼首席执行官贾森·加德纳（Jason

Gardner）讨论了他建立成功的合作伙伴关系的策略：

我们把它看成是一个连接支付网络的网络。因为这些支付卡是在Marqeta的平台上创建和部署的，所以我们能从中获益。我们帮助客户获得增长，他们获得了直接的好处，而这又反过来帮助我们的平台增长，所以我们也获得了好处。

任何能够显著改善最终用户体验的东西都将获得最大的关注。在金融服务领域，人们通常关注交易，但如果我们转变思维，关注愿望或者具体事件，这个流程就会改变。比如关注打车这个事件，而支付是隐形的，是在后台发生的。如果你点外卖，你关注的是你吃什么、什么时候送到，而对付款的关注是次要的。

贾森认为，每家大型科技公司最终都想成为支付公司。为什么会这样呢？原因很简单：银行拥有大量客户，他们非常了解这些客户，而这些客户中许多人在十多年间就只有同一个银行账户。就像贾森说的：“金钱产生忠诚。为了建立忠诚，将银行服务嵌入客户的服务中是很有意义的。Shopify 和 Grab 这两个公司就是很好的例子。”为你的客户提供价值主张，让他们从中获得回报，是一件很重要的事情。有许多方法可以定义这个价值主张。一种方法是通过速度。比如使用Square 卡，人们可以快速拿到钱；比如使用 Bill.com，公司可以快速支付，帮助公司更快地发展。

嵌入式金融和电子商务

在嵌入式金融领域，科技公司巨头走在了前面，但许多规模较小的科技公司也开始效仿他们。察尔万（Carvana）是一个出售二手车的线上市场。它最著名的形象是那些几层楼高的"汽车自动贩卖机"建筑——这种营销方式比广告牌更令人难忘。它传达了这个品牌的核心信息：让购车变得简单、轻松。Carvana 专门销售汽车，但它也为售出的车辆提供金融以及保险服务。每卖一辆车可能赚不了多少钱（尽管二手车的利润远远高于新车），不过筹措资金和提供保险服务，成本几乎可以忽略不计，并且能带来可观的收入，同时也方便了客户，并能让公司与客户建立起更牢固、更持续的关系。

服务于多个卖家的电子商务平台也能获得同样的机会。这些平台提供服务，帮助卖家完成业务，而不用担心监管或者为接受货款、支付垫付款而向银行支付高昂的手续费。这是一个良性循环，帮助电商平台吸引更多的客户，同时为他们提供更好的服务。塞富时公司（Salesforce）就是基于这个概念的一个例子。塞富时公司的核心产品是客户关系管理（CRM）软件。公司的产品是软件，因此它是一个"软件即服务"供应商，而且，它还是一个横向而非纵向的"软件即服务"公司，因为它服务的是多个行业，而不是一个行业。不过，塞富时公司借助自己提供的电子商务云平台，同时也成为一家电子商务公司。它不仅可以提供营销和库存管理，还可以提供会计软件和支付处理。会计服务是嵌入式金融的另一个出发点。谢诺（Xero）是会计软件供应商，同时也为客户管理商业数据。这样的业务整合让它在提供商业贷款方面处于非常有利的地位。这家公司目前在澳大利亚和英国都在开展这方面的业务。

亚马逊是网上商城的典范，在全球范围吸引了众多模仿者。全世界的每个地区都面临着不同的挑战，公司必须想出创造性的解决方案来占领市场，满足客户的需求。全世界许多地区还长期面临金融服务短缺的问题，缺乏诸如信用评级等金融工具来确定借款人偿还贷款的能力。这为公司和消费者提供了巨大的机会，特别是那些与这类客户有联系的公司，他们可以填补这一空白。

总部位于尼日利亚的朱米娅（Jumia）公司是一个提供商品和服务的在线市场，有时被称为非洲的亚马逊。很多卖家都在上面开店，Jumia了解这些卖家的业务，可以为他们提供贷款服务。平台和卖家之间的联系产生了大量的数据，保证了高效的承销合作。卖家可以做更多的生意，反过来也更有利于Jumia。这个在线市场甚至可以提供完整的银行服务，帮助卖家在假日购物高峰前借钱囤货，让卖家能卖出更多的东西。在结账时向卖家的客户提供"先买后付"服务，也是一种增加收入的方法，平台在越来越多的地区都提供了这种福利。

元宇宙是一种结合了虚拟现实并使用区块链基础设施的沉浸式虚拟世界。元宇宙领域的参与者包括脸书公司、沙盒（Sandbox）公司和分布式大陆（Decentraland）公司。元宇宙的到来将最终在沉浸式虚拟现实世界中嵌入金融服务。现实世界中的玩家将从中获得许多机会。正如我们已经看到的那样，海恩斯莫里斯服饰公司（H&M）在虚拟城市西克（CEEK）中开了第一家店；耐克公司为元宇宙鲁提福克提（RTFKT）中的一家虚拟鞋业公司制作了非同质化通证（non-fungible token，NFT）和运动鞋；阿迪达斯也在几个小时内铸造并发售了"走入元宇宙的非同质化通证"（Into the MetaverseNFTs）。我们将在本书后面更多地谈论这一即将到来的趋势。

各种业务的案例看起来可能非常不同。但在所有这些例子中，卖方都将金融产品和服务置于非金融产品和服务之上，以便根据客户的不同需要，随时随地向他们提供更深层次的价值服务。

为什么嵌入式金融对科技巨头公司很重要

作为一个品牌公司或者科技公司，当你涉足嵌入式金融领域后，你的主要收入就会越来越多地来自支付、贷款和保险等金融服务，软件部分的收入就变得不那么重要了。科技公司涉足嵌入式金融为什么这么重要？市场中的机会是巨大的。是不是在你的业务中嵌入金融服务，会产生巨大的差别。如果这样做了，你就可以创新你的定价模型，而你的竞争对手无法做到这一点。如果你提供的业务可以去掉软件部分的成本，那么就可以快速获得更多的客户，进而帮助你提供更多的嵌入式金融产品，获得更多的客户、更多的数据和更多的收入，如此循环下去。

科技巨头公司已经在其核心产品上叠加了金融服务，这种情况只会越来越多。甚至苹果公司——全世界最赚钱的面向消费者的公司之一——也从金融服务中获得了巨大收益。那些最大的科技公司已经做好了准备，要在他们的用户体验中嵌入金融服务，获取利润。他们拥有庞大的客户群、积极的消费者情绪、庞大的预算和熟练的产品团队，能够快速、熟练、大规模地推出新产品。

大多数公司不具备这些优势，但他们仍然可以参与到嵌入式金融的革命中来。事实上，如果不参与其中，就会错失良机。而那些提早参与的公司就会获得优势。嵌入式金融已经遍地开花，而且一直在发展。正如贝恩资本风险投资公司的合伙人马特·哈里斯说的那样：

对于软件公司来说，他们面对的是各种类型的零售商，包括Shopify上的商家以及沃尔玛。这些公司大多数都会在5年内提供金融服务，毫无疑问。但在承兑付款没有那么及时的垂直领域，它的速度会慢一些；不过，随着 B2B 支付越来越数字化，以致越来越货币化，我认为在每个垂直领域，它的覆盖率都会接近 50%。

基石顾问公司首席研究官罗恩·舍夫林指出，嵌入式金融不仅可以带来营收和竞争优势，也可以被看作是公司为客户提供更便利生活的一种方式。他说："这与公司是不是要成为金融服务提供商无关，他们是在寻找办法，为客户的生活增加更多的便利，简化金融交易，并在他们的客户群体中建立更多的忠诚关系。"

科技公司了解他们的客户。他们拥有数据，知道客户想要什么。他们拥有快速开发产品的团队。金融科技公司和某些处于数字化前沿的银行，已经构建了可以连接科技公司前端接口的基础架构，他们渴望和科技公司在制定解决方案方面展开合作。在本章中，我们已经谈到了一些成功案例。在未来的几个月或者几年内，还有哪些公司会加入他们的行列呢？

在第四章中，我们将研究在线下或者实体店中嵌入式金融的增长情况，大部分消费仍然发生在那里。传统的销售方式对金融服务的解决方案提出了不同的挑战。但在线上、线下同时提供服务，为客户带来优秀客户体验的零售商和品牌，将拥有大量的机会。

总结

近年来,科技公司改变了客户的期望。消费者每天都要与科技公司进行多次互动。既然客户让科技公司帮自己开启自己的生活体验,那么从这里获得金融服务也是一件很自然的事。

- 科技公司已经在金融服务领域不断创新,特别是在移动支付领域和借贷领域。

- 科技公司对客户的行为有着最全面的了解。他们可以利用这些数据在合适的时间,合适的地点,以合适的价格提供金融服务。

- Shopify 和 Grab 等公司已经无缝地进入了金融服务领域。金融服务现在已经成为他们业务的重要组成部分。其他公司有大量的机会做同样的事情。

第四章 嵌入式金融在线下

我们在第三章中已经讨论了嵌入式金融在线上交易和数字业务中的应用情况。现在，我们将注意力转向实体经济，嵌入式金融能提供的最令人兴奋的更新迭代现象可能就发生在这里。2019年，安德森-霍洛维茨风险投资公司（Andreessen Horowitz）的普通合伙人安杰拉·斯特兰奇（Angela Strange）宣布："在不远的将来，我相信几乎所有公司的收入中，都会有很大一部分来自金融服务。"

超级应用程序

在中国，诸如支付宝和微信等手机应用程序已经完全融入人们的生活。中国在这方面远远领先西方，这已经不是什么秘密。当被问及在嵌入式金融的背景下，中国人的日常生活是什么样子时，金融科技和中国问题专家亚辛·拉贾吉描述了他自己的经历：

在中国生活的6年里，我从来不需要取现金，也不需要用银行卡支付，我只使用支付宝或微信。我是一个生活在中国的外国人，但我可以像所有中国公民一样使用这两个应用程序。自从我把自己的银行卡和这些应用程序绑定好以后，一切就变得便捷可行了。这些应用程序能做什么事情呢？首先，当然了，我们可以在商店内扫二维码支付。我们还可以线上支付。我们可以买保险。我们可以使用小微贷。我们可以投资，使用各种付费应用等。我们用他们来打车、乘坐公共交通和我们的医生交谈、和朋友们沟通、租房子，甚至在应用程序中签字领取电子结婚证。总的来说，它无所不能。此外，行政服务也包含在这些应用程序中。仅在支付宝上，就有超过1000个功能。中国有超过10亿人在使用这些应用程序。可见，他们从中获得了某种好处，让他们的生活更方便。

但问题是，世界上的其他国家如何达到这种程度的嵌入式金融应用？在人们最需要的时候，让他们的生活变得更简单？

数字业务

最容易从嵌入式金融中获益的是那些拥有数字业务的公司，因为他们拥有大量的客户数据。这些数据帮助公司预测客户未来的需求，并根据这些需求以合适的价格为客户提供合适的产品。这些数据也使公司在客户真的要从他们这里贷款时，能够提供更公平、更适合客户的利率。如今，即使是线下零售商也在他们的业务中加入了与数字相关的成分，并且依靠嵌入式金融优化他们的客户体验。他们要求购物者提供电子邮件和电话号码，以此作为奖励沟通和提高忠诚度的方法。我们在后面将对此做更详细的讨论，但目前我们只要注意到，就像今天很少有公司"只在线上"做生意一样，也很少有公司"只在实体店里"做生意。

金融机构可以深入窥探客户的生活，并且收到和他们的人生大事有关的明确指示。不过总的来说，由于系统陈旧、内部流程繁杂，他们在很大程度上无法预测客户的需求，无法在正确的时间以正确的价格提供正确的产品。他们可以看到客户经常在哪家商店、哪个品牌上花钱，花钱的频率如何，每次花了多少钱，但关键是，他们无法看到消费者购买的是什么东西。消费者实际购买的东西的相关数据通常被称为第 3 级数据。

让我们先讨论一下数据的 3 个层次：

- 第 1 级数据有关商家或者商店的名称和交易金额。
- 第 2 级数据有关商家的地理位置、税务号码和销售税金额。
- 第 3 级数据有关消费者购买物品的描述和数量。通常情况下，只有商家可以看到第 3 级数据。

正是这种信息上的不对等，使商家具备了巨大的潜在能力，那些受到消费者信任并反复光顾的商家更是如此。商家可能无法全面了解消费者的生活方式和消费习惯，但在他们的业务领域内，他们什么都知道。

假设一位叫山姆的消费者，如果他每周一到周五都会去当地的咖啡馆，点一杯双份浓缩咖啡和一个羊角面包，咖啡馆就可以主动为山姆准备未来的订单，或者想好在他消费到一定金额时，为他提供什么奖励。在周五，咖啡馆可以告诉山姆，如果他周六来，那么他点一杯双份浓缩咖啡时，会送他一个羊角面包。或者，在山姆生日的时候（如果山姆在注册成为常客时提供了基本信息，那么商店就可能知道），商店可以根据山姆全年的消费习惯，为他做一些特别的、专门为他定制的事情。

从线下到线上

关于线下世界的嵌入式金融，有几个应用趋势最引人注目：

- 购物卡
- 隐形支付
- 免结账店内购物
- 先买后付
- 物联网
- 保险

接下来，我们将深入探讨这些趋势，并查看相关的例子。

线下嵌入式金融的起源：购物卡

在实体店中，嵌入式金融的第一个实例就是百货公司发行的购物卡。这种"闭环卡"也称为单用途卡，因为它只能在一家百货商店使用。有了闭环卡，商家不再需要维萨（Visa）或万事达卡，也不需要发卡行，商家唯一需要的就是收单行[1]。因此，如果收单行对商家的条款非常优惠，商家就能获得更多的利润。然而，购物卡最大的好处是将消费者留在商店的网络当中，增加他们的顾客终身价值[2]。实体店购物卡由于它的优惠条件，可以为消费者提供慷慨的奖励或礼包。你有没有碰到过这样的事情：你去一家百货公司，比如梅西百货（Macy）或者百思买商场，在结账的时候，他们会给你一张带有商店徽标的卡片，在你将要结账的商品上给你一个很大的折扣，而且以后在这家商店购物时还会有持续的折扣。如果你经常光顾这家商店，那么这对你是有好处的，因为随着时间的推移，折扣会越来越多；或者，如果你在一家像劳氏公司（Lowe's）或家得宝（Home Depot）这样的家装商店，并且知道自己马上要花一大笔钱重新装修你的厨房时，购物卡的优惠是相当有吸引力的。

在世界各地，我们仍然可以看到这种闭环卡，不过他们已经有所

---

[1] 指跨行交易中兑付现金或与商户签约进行交易资金结算，并且直接或间接地使交易达成转接的银行。——编者注
[2] 指每个消费者在未来可能为公司带来的收益总和。——编者注

改进。在这方面，星巴克可能是最杰出的例子。星巴克购物卡（也叫星巴克钱包）要求消费者先存入一定数量的钱，它是预付的，而大多数百货商店都愿意提供这种预付卡。这种经营方式，让星巴克在咖啡和糕点的低摩擦销售服务之外，又获得了巨额收入。星巴克在任何时候都持有约 15 亿美元的客户资金。与银行持有的资金一样，这些钱可以在任何时候取用，但与此同时，星巴克可以免费从这些钱上赚取利息。星巴克的这些账户最初是购物卡，后来演变成了移动钱包。虽然全世界都知道星巴克是一家咖啡公司，它的门店遍布全球，但在苹果支付出现前的几年里，星巴克无疑是世界上最成功的"移动支付公司"。

隐形支付

最基本的支付方式就是支付现金。即使在一个快速迈向数字化的世界里，现金交易仍占美国消费者支出的 20%。在一些国家，比如日本和德国，这一数字要高得多，而在瑞典和新加坡，这一数字正迅速接近零。通常来讲，在数字经济中，现金使用起来不太容易，但它仍然是可以使用的。全球有数十亿依赖现金的客户，现金支付仍然是一种基本的支付形式。现金支付的问题在于，它向商家提供的数据最少，而向发行者提供的数据则几乎为零。现金支付使商家很难与消费者建立联系。对于提倡隐私的人来说，这是一个加分项，而不是一个减分项。

隐形支付，也被称为嵌入式支付，与现金支付正好相反。他们不需要传统上的现金交换，甚至不需要刷卡。隐形支付之所以能实现，是因为预先保存了支付凭证：存储在商家那里的银行卡或者银行账户信息。这些支付过程向商家提供了大量数据，商家可以利用他们与客户建立更牢固的联系。

在商家那里存储支付信息，特别是银行账户信息，很显然，这涉及信任问题。支付信息可以保存在无数的商家那里，这很方便，也有很多优点，但并不是所有商家在数据安全和保护方面做得都一样好。但随着这些信息向云端转移，比如亚马逊的网络服务（Amazon Web Services）、谷歌云、微软的云端服务（Azure）以及一些其他公司的云服务，安全性也在不断提高。但回想一下2013年的塔吉特公司（Target）发生的数据泄露事件，有超过4000万张银行卡的持卡人信息被泄露。这次泄露的原因在于第三方提供给塔吉特的结账系统有缺陷，与这种为将来的使用而预先存储数据的做法无关。换句话说，在商家那里存储数据并不一定比单次刷卡消费更危险。

许多消费者首次接触隐形支付是因为优步网约车的普及。优步公司成立于2009年，但在2012年迅速流行起来。你可能还记得第一次使用这种服务时，这种服务规则改变带来的感受。优步很清楚你这一单要花多少钱，它提前告诉你，并且只在订单完成后才会接受付款。

到了目的地你可以下车就走,不用花时间找银行卡或者现金,也不用考虑使用哪种支付方式。你要支付的金额就在你的手机屏幕上,一目了然。你只需预先将银行卡信息输入到优步的应用程序当中就可以了。在许多线上服务中,这已经成为普遍的做法,但在线下世界中却不太常见(参见上文的星巴克案例)。

隐形支付的吸引力是不可否认的:一切都是为了方便。买家不需要翻出信用卡,在某些情况下,甚至不需要翻出移动设备——付款就这么发生了。

如果说宏观经济行为教会了我们什么的话,那就是便利性压倒了大多数竞争优势(价格和安全通常是例外,但并不总是例外),隐形支付为今天忙碌的购物者在竞争中提供了另一个优势,让他们能更快地度过一天的辛苦奔波,回到家中。因此,数据和趋势都显示,隐形支付将继续增长。2021年秋,科技调查公司朱尼普研究公司(Juniper Research)估计,隐形支付在当年处理了780亿美元的交易,而在2017年这个数字约为100亿美元。这意味着在短短4年里,它增长了超过700%。

贝恩资本风险投资公司的合伙人马特·哈里斯解释道:

大约5年前,下一步的方向已经变得很明显。一旦金融服务数字化,他们就不再需要作为独立的产品存在;他们可以嵌入消费者和商家每天都在使用的软件当中，并建立持久的、有大量数据交换的连接。我们还处在这一过程的早期，需要一点想象力才能看到它的发展方向。在一段时间内，我们会看到，好像每个和我们做生意的人都想给我们提供一张借记卡，给我们提供一笔贷款，或者帮我们在购买汽车保险时省下 15% 的钱。

不过最终，当这些产品和服务完全数字化时，完全嵌入到业务当中时，消费者开设和管理这些账户的认知负担将会消失，因为这些操作都由嵌入其中的软件自动完成。

免结账店内购物

把隐形支付引入实体店当中，改变了支付规则。隐形支付的重要性将继续增长，因为他们不仅为消费者带来了好处，也为商家带来了优势。在实体店中使用隐形支付，不仅意味着可以更快地结账（就像如今在银行中的自助服务机一样），而且可能根本不需要结账这个具体过程。

除了为消费者提供更方便的购物体验外，免结账店内购物的客户体验为商家提供了什么好处呢？免结账商店可以减少工作人员，腾出原本用于结账的地方，放置更多的商品。因为商品从被消费者取走的那一刻起，就会被跟踪，所以商家可以更多地了解消费者的行为，并且知道把商品放在哪里可以获得最多的关注。这种从物品被拿起的那一刻就开始进行追踪的概念并不新鲜，我们大多数人至少都经历过。我们当中有多少人入住酒店时，曾经因为半夜喝了一瓶房间里的瓶装水，或者吃了一袋花生而被酒店扣了钱？免结账商店把迷你吧的概念带入了数字时代。这些跟踪库存以及消费者的额外数据，帮助商家精细地调节消费者的忠诚度以及对他们的奖励。消费者是不是先拿了一袋品牌薯片，然后又换成了一袋普通薯片？商家可以利用这一数据，在将来为这位消费者发放品牌薯片的优惠券，或者用品牌薯片作为奖励。

由于目前免结账商店的数量很少，只有一小部分人有过在其中购物的体验。但所有证据都表明，这些商店的数量将继续增加。你的第一次免结账购物的体验会是什么样子？

2021年3月，亚马逊在伦敦开设了无收银员的亚马逊生鲜商店（Amazon Fresh）。这家商店采用"拿完就走"（Grab & Go）技术，购物者可以拿上要买的商品后直接离开。这引起了轰动，不仅在英国，全球媒体都对此事密切关注。

免结账购物这个创意很简单，但执行起来却需要几个环环相扣的扫描系统。一进入商店，消费者就需要在亚马逊的应用程序里扫描二维码，其中包含了嵌入式支付信息。一系列头顶摄像头和传感器在人工智能的支持下，跟踪消费者在商店的购物过程，在他们穿过过道时统计购物情况。消费者拿起一件商品后，如果不想要了，必须把它放回原来的位置，否则将被收取商品的费用。举个例子，你不能拿起一把香蕉然后又把他们放回苹果区。当消费者完成购物后，他们只需要带着商品离开商店，应用程序就会向他们收取商品的总货款。一位在亚马逊生鲜商店购物的消费者描述购物体验时的感受是积极的，而且指出，他的账单在他离开商店后大约20分钟才出现。

亚马逊生鲜商店对消费者如此有吸引力的原因之一，是它解决了一个我们都很清楚的主要问题——排队和停留时间。商家让消费者专注于主要的事情或者体验上——在这种情况下就是挑选商品——而把其他事情放在次要位置（包括付款）。这样，消费者就会更快乐，在消费者生命周期内就会花更多的钱、更少地放弃购物车，更少地因为自己扫描商品或者因为碰到其他问题而感到沮丧。这会成为一种更有沉浸感的体验，同时帮助零售商、亚马逊生鲜商店或者其他商家，更专注于创造吸引人的客户体验，提供更多样化的产品。

因为消费者结账时更方便（或者根本不用结账），所以他们在线上线下放弃购物的情况就会更少，也更愿意再次消费。有多少次，你在商店里推着满满一购物车的商品，但看着长长的收银队伍，又放弃购物？消费者每年排队结账要浪费数百小时。数字化购物降低了许多购物者忍受排队的能力，他们不愿意再花很长时间等待那些可以通过其他渠道购买的商品。

免结账购物的想法当然很吸引人，但如果有人偷东西怎么办？没有结账柜台，东西肯定更容易被偷，对吧？但事实恰恰相反。免结账购物商店几乎不可能被偷，因为他们的库存被精确地追踪，商家可以精确地确定商品何时离开商店、和谁一起离开，这减少了因为商品被浪费或者放错位置而造成的损失。

但数字金融服务领域的作者兼评论员戴夫·伯奇认为，这个过程不必要地侵犯了消费者的隐私，因为系统是"认出了"消费者，而不仅是"认证了"消费者。换句话说，商店不会说："好吧，这个消费者持有一张有效的信用卡，可以购物。"而是会说："哦，戴夫·伯奇来了，他今天也许会多买一些山核桃。"这是一个有些敏感的问题，要看消费者的容忍程度，这也是科技走在社交礼仪前面的一个例子。

在亚马逊生鲜商店推出无结账柜台试验时，零售业和支付行业的专家都预测，它很快就会在这个市场上遇到竞争对手。它的对手要么从亚马逊购买技术，要么自主研发解决方案。时间已经证明，这个预测是正确的。2021年秋天，英国的另一家大型连锁杂货店乐购（Tesco）推出了买完就走（GetGo）商店，就使用了非常类似的技术。据称，在这个案例中，人工智能无须使用面部识别软件，就能建立购物者的专属档案。戴夫·伯奇应该会认可这种做法的。

仅从上面的例子就可以看出，从免结账商店中获得的洞察力，可以让商家根据消费者档案中的数据，向消费者的应用程序中发送专门为其定制的服务。更多的商店都会加入进来,消除结账柜台前排长队的痛点。就在乐购宣布进入这一市场的同时,另外两家食品杂货商阿尔迪(ALDI)和莫里森超市(Morrisons)也宣布了建设免结账商店的计划。

虽然免结账商店还处于试验阶段,远未普及,但这已经不是为了创新而创新了。部署了免结账服务的商家,可以更多地了解消费者,为他们提供相关的优惠,最终销售更多的产品。有了这些成功的早期实验,很容易看到在未来几年,这些实验将成为常态。对于实体店的消费者和为他们服务的商家来说,前途是光明的。

先买后付

对于线上和线下的商家来说,近几年最引人注目的一大趋势就是"先买后付"。多年来,商家一直在努力让消费者进入商家闭环的支付循环中,如上面提到的商店购物卡,但很少有人取得显著的成功。如今,通过"先买后付",商家也能提供类似的服务。"先买后付"这个概念在几年前出现,在欧洲先是出现了克拉拉(Klarna)这样的公司,后来在美国也出现了一些公司。当时(现在仍是如此),金融科技领域的许多人对这个概念嗤之以鼻,称其不过是"预付定金购物"或"分期付款购物"的另一个名字,或者只是另一种形式的消费者债务。虽然从最根本的意义上讲,这种说法是正确的:"先买后付"

的功能确是让消费者今天购买他们想要的商品，然后在一段时间之后支付。不过，真正"先买后付"的技术和实现方法已经有了巨大的进步。不可否认的是，企业家们已经采用这种模式建立了数十亿美元的生意，而且在厌恶信用消费的千禧一代和 Z 世代的消费者中找到了一群热情的消费者。在 2008 年至 2009 年催生金融科技的金融危机中，这群人目睹过他们的父母和哥哥姐姐们在债务中挣扎。

Klarna 公司

成立：2005 年

市值：456 亿美元（2021 年 10 月）

员工：6000 人

早期发展历程

Klarna 公司成立于瑞典，它的使命是帮助消费者采用部分支付的方式在网上购物。买家与卖家建立一个分期付款计划，而 Klarna 公司承担逾期支付的风险和利息。Klarna 公司将它的产品定位为借款型而非贷款型，更像是必须定期支付的公用事业账单，而不是一笔按时间顺序分步支付，一直产生利息的大额账单。Klarna 公司的主要客户包括海恩斯莫里斯服饰公司、三星公司和耐克公司等。

> Klarna 公司于 2017 年获得欧盟的银行牌照。这一进展为该公司在现有客户群中扩展业务提供了极大的回旋余地。Klarna 公司已经涉足身份认证领域，它现在能够在网上提供支付钱包和结账柜台业务。2021 年年底，人们认为 Klarna 公司可能会在 2022 年上市。

"先买后付"最重要的一大优势来自金融科技的副产品——价格透明。我们前面已经谈到过，银行业的利益和客户的利益并不一致。而且，银行还因其隐形收费和难懂的条文而臭名昭著。一般人都看不懂这些条文。

以上关于银行业的说法，同样适用于信用卡；而信用卡是银行的主要收入来源之一。信用卡使用方便，但人们很容易忘记还款，它是数以百万计的美国人和欧洲人首选的支付方式。例如，在美国，如果你每月还清账款，就可以获得返现以及航空里程等奖励，而且无须支付利息。但是，如果你到下个月还有欠款没还完，那么你就会受到高额利率的打击，很快就会意识到复利的不便之处。

"先买后付"看起来换汤不换药，而且与 50 多年前推出的早期产品有很多相似之处，但零售行业的支付格局已经发生了变化。如今，商家被迫与银行的大型支付网络连接，后者收取 2% 或者更高的手续费。这意味着你每买一件商品，就有2%的钱进入了从不露面的银行支付网络中。对于利润率较低的商家来说，这是一个巨大的数字。正因为如此，有相当多的商家，特别是夫妻店，更青睐现金交易，哪怕管理现金需要成本，哪怕要承担一定的风险。在美国主要的城市当中，餐馆、美甲店和街角商店更喜欢接受现金。如果你用现金支付，他们会提供更低的价格来鼓励你。刷卡的费用也让美国的结账柜台至今仍有支票出现，这让其他国家的游客惊讶不已。

从根本上说，"先买后付"会让消费者花掉他们原本不会花掉的钱，购买他们原本不会购买的东西。它拓宽了消费者的选择范围，让他们触及了原本触及不到的产品。虽然有些"先买后付"的消费者很富有，但大多数消费者的收入有限。在线杂志网站"支付"（PYMNTS.com）的一项研究显示，57%的"先买后付"消费者年收入不足5万美元。

和其他的支付方式相比，"先买后付"为商家提供了3个关键优势：

（1）与银行的支付网络不同，商家可以完全看到消费者买了什么。这就是前面提到的第3级数据，也就是SKU级数据（stock-keeping unit，意思是库存单位）。掌握这些数据是获得客户忠诚度和奖励客户的关键，而维萨、万事达卡和银行没有这些数据。有了这些数据，商家就可以针对有需要的顾客，提供特定商品的特殊价格。对于支付链条中的其他成员来说，这种级别的量身定制几乎是不可能的。

（2）"先买后付"形成了自己的支付网络，与其他支付网络并行运行。客户可以直接连入银行进行支付，而不必使用银行卡（也就是通过维萨或者万事达卡的网络）。安德森-霍洛维茨风险投资公司的亚历克斯·兰佩尔（Alex Rampell）在推特上指出，正因为如此，"先买后付"可能是真正的支付领域革命的导火索，也是自现金支付以来，银行支付网络面临的最严重的挑战。目前，"先买后付"的运营方式很简单，只是提供分期偿还借款的方案。但"先买后付"的支付系统有能力扩展到结账柜台贷款以外的其他类型的产品上，也就是那些由单独企业提供的单独产品上。虽然我们通常将"先买后付"与花很多钱购买的商品联系在一起，但直接采用并行的支付通道连接到银行账户上付款的原则，甚至可以用到最小金额的交易上。正像兰佩尔说的那样："作为一种渠道，它好像诱人的胡萝卜，不光是金融渠道，还是一个更便宜的渠道，一个更有保障的渠道。"

（3）"先买后付"还允许产品制造商与客户建立直接的联系。虽然通过互联网，厂家同样能够和客户建立联系，但"先买后付"将这种联系扩展到了线下。比如一个自行车制造商，通过与商家合作，可以了解到一个热爱他们品牌的人刚刚买了一辆新的自行车。他们可以为他延续特殊的折扣、特殊的优惠，或者奖励他一些零配件。

通过"先买后付"，商家和消费者之间的联系扩展到了商品购买之后。一位信用卡的持卡人可能在多年后付清了一笔大额消费，但她可能已经忘记当时买的是什么了,而商家在这个过程中,一点也没有参与进来。"先买后付"意味着消费者有理由再次回到这家商店。由于借款是针对某一件商品而不是某一堆商品的,因此消费者与这件商品保持了强烈的联系,而不是像信用卡的持卡人那样,每个月要还一份账单,但不清楚到底买了些什么。

商家很乐意把钱垫付给消费者,因为他们这样做可以让犹豫不决的买家下定决心,让更多人成为它的消费者。商家将这部分成本作为获取客户成本中的一部分,用一部分市场营销预算来负担它。消费者对这种关系很满意。因为就像之前讨论过的那样,如果他们在需要的时候,能买得起这件东西,就会为他们带来巨大的便利。你走进一家商店,看上了一台电视,如果你那天可以带着电视走出商店,那么其他一切就都不重要。你不必通过银行申请贷款,因为银行可能批准,也可能不批准,而且在任何情况下,都需要几天甚至几周的时间才能收到回复。

实践中的"先买后付"

"先买后付"对商家有什么影响呢?我们看看高端宠物用品制造商"晶体"(Whisker)的情况。它的自动清洁猫砂盆要价 500 美元以上。不出意外,很多买家都会选择它的融资服务。这家公司通过合作伙伴 Affirm 公司引入了"先买后付"服务后,客户转化提高了 16%。

Affirm 公司

成立：2012 年

市值：451 亿美元（2021 年 10 月）

员工：1350 人

早期发展历程

Affirm 公司是美国"先买后付"业务的先行者，是由贝宝最初的创始人之一马克斯·列夫钦（Max Levchin）创立的。Affirm 公司取得了很大的成功，并于 2021 年上市。公司最初的产品是在结账柜台为客户提供小额的分期贷款。它能在几秒内完成决策。Affirm 公司的早期客户是以家用自行车闻名的运动器材公司派洛通（Peloton）和服装零售商波宝斯（Bonobos）。Affirm 公司用一些非标准的指标评估借款人，包括他们在社交媒体上的发帖情况和支付账户的交易数据。Affirm 公司同时在线下和线上运营，它为商家承担风险。2021 年，Affirm 公司与塔吉特公司和美国航空公司（American Airlines）签署了合作协议。

Affirm 公司对借款人的好处在于低利率（这一业务的典型利率在 2%～8% 之间）和透明的费用。商家获得了更多的客户，节省了信用卡手续费，并与客户建立了更长久的关系。和许多其他的金融科技创业公司一样，Affirm 公司也在扩大业务范围。2021 年，Affirm 公司开始与"格子"（Plaid）和 Marqeta 两家金融科技公司合作，提供借记卡。Affirm 公司向信用机构报告它的一部分贷款信息，但不是全部。

案例研究：弹射（Katapult）公司

Katapult 是另一家从事"先买后付"业务的金融科技公司，它通过各种零售商提供定制的"先买后付"产品。它的客户包括在线家居用品零售商"旅人"（Wayfair）以及计算机制造商苹果公司和联想公司。这家公司起步于线上，如今在线上和线下同时运营，它会在类似苹果的线下商店里提供服务。Katapult 公司的首席执行官奥兰多·扎亚斯（Orlando Zayas）最初关注的是线上，因为他认为，线上购物者很少能获得贷款，而且如果被拒绝，也没什么其他的选项。Katapult 试图为所有消费者提供贷款，甚至包括那些信用记录不良的消费者。因为当人们在经济上陷入困境时，如果他们需要某件东西，无论是修车开支还是其他意想不到的开支，直接付款总是很困难的。扎亚斯将 Katapult 定位为资金提供方，为发薪日贷款人提供替代选择。

Katapult 在普惠金融方面的努力充满了勇气，但真正让 Katapult 与众不同的是它为客户提供的定制服务。扎亚斯谈到了为什么标准的"先买后付"方案并不适用于他的客户，而要提供定制服务：

看来，"先买后付"更像是那种用你的借记卡或者信用卡"在 8 个星期内分成 4 次付款"的服务。这解决了一类问题，就是如果你想买一条 100 美元的牛仔裤，在这个周末穿出去，你可以分成 8 个星期付款。这很简单，很容易理解；但如果你买的商品比较贵，比如是电器或家具时，它就不太适用了。尤其是对那些信用等级不是优质级别的消费者来说，要把一台价值 1000 美元的冰箱分成 8 个星期，4 次付款，相当难，几乎不可能。所以从"先买后付"的角度看，如果你愿意的话，我们可以说，它在满足消费者的需求方面是分等级的。有 300 美元及以下的交易，有超过 300 美元的交易。而我们的定位就是为那些非优质级别的消费者提供 300 美元以上交易的服务。

提供"先买后付"服务的公司受到很多批评，说他们只不过提供了另一种途径，让消费者背上债务。但扎亚斯的使命就是让公司真正为客户服务。

扎亚斯说：

我们未来几年的重点之一就是让客户改善他们的信用，让他们在财务上更独立，减少对融资或其他事情的依赖。我们的理念是为客户提供工具，让他们得到需要的东西，同时也帮助他们在这个过程中寻找其他产品，教他们如何使用信用卡、储蓄账户和支票账户，让他们用最划算的方式花钱。在这些客户中，有许多人要么是年轻人，要么是遇到了某种情况，然后陷入了困境，我们希望帮助他们走出困境，重新开始储蓄。

教育是扎亚斯最关心的问题之一。他希望和客户保持紧密的联系，让他们接受金融教育，以便有一天让 Katapult 的"先买后付"服务变得可有可无。

扎亚斯说：

有一件事我们现在还不怎么跟客户沟通，但以后会的，那就是一般性的理财能力。比如，为什么投资401K[①]很重要。如果你的公司有类似的退休金计划，那么从投资的角度说，这是你最好的选择。然后就是储蓄，建立你的信用，关注你的信用，因为信用太过重要，而且我不认为它会马上消失。

最终，扎亚斯表示，他希望在Katapult公司消失后，留给社会的遗产是曾经帮助过客户过上了更好的生活。

物联网

物联网特指能够连接我们四周各种设备的网络。这些设备都是日常用品，而不是计算机或者手机。他们可能是静止的，也可能是移动的，或者本身就有用途，或者只是作为互联网的一个接入点。在下文中，我们对每一类产品都会举例说明。虽然到目前为止，真正应用了嵌入式金融的实例并不多，但这类案例很快就会越来越多，他们将遍布我们的生活，而我们甚至可能都意识不到他们的存在。

---

① 401K一般指401K计划，也称401条款，始于美国20世纪80年代初，是一种由雇员、雇主共同缴费建立起来的完全基金式的著名保险制度。——编者注

在我们的世界中，充满了连接到互联网上的设备。他们就像传感器网络，探测着人们每天的生活。从某种程度上说，这就是市场营销人员的梦想，因为当今市场营销的基础就是数据。你对你潜在的客户了解多少？你能预测他的需求吗？你能证明自己的价值，让他找上你吗？

对一些人来说，这种行为在本质上是不可接受的，因为它侵犯了隐私——不过细想想，你的一些手机制造商、服务提供商和各种应用程序确切地知道你在哪里，甚至知道你一天走了多少步。虽然对隐私的担忧是合理的，但跟踪客户数据并不一定就是不可接受的。

有些行业的公司，在观察人们的日常活动这件事上享有特权。交通领域，特别是汽车交通领域，成为创新热点领域。原因很简单：我们作为消费者，花费了大量的时间在交通上，无论是开车还是乘坐公共交通工具。在全球的公共交通系统中，通勤者都可以使用预付费的公交卡乘坐地铁、公共汽车和有轨电车，或者支付停车费。以前，你必须掏出硬币，然后投币，而现在，在传感器附近刷手机或者公交卡就足够了。这并不意味着交易的速度更快——事实上，情况往往相反——但它确实意味着人们不需要再携带大量的硬币或者纸币，不必排长队去买一张卡，也不必带着没花完的余额离开，而且还可以避免去触碰那些一天到晚被无数人触碰过的机器。

以开车为例。2017 年，美国交通部（Department of Transportation）

估计，美国人平均每天开车的时间为 1.1 小时，1 年累计超过 17 天。（美国人每年开车行驶的距离大约是德国人的 2 倍。而在欧洲，平均每年开车距离最长的是德国人）美国有 5000 英里（约 8046.72 千米）的收费公路，对司机来说，一个常见的痛点就是坐在车流中等待把硬币扔进塑料容器或者交给收费员。

电子收费系统，也叫不停车收费系统（electronic toll collection，ETC），比如在美国东部使用的 EZ 护照（EZPass）、在美国加利福尼亚州使用的成功之路（FasTrack）、法国的自由-t（Liberty-t）、西班牙和葡萄牙的 VIA-T，诸如此类的系统，为司机节省了时间和金钱。在你的车辆挡风玻璃上，安装一个装有个人支付凭证、成本低廉的塑料装置。每次车辆经过某个点，通常（但并不总是）会收取一定金额的过路费，直接从相关的账户中扣款。相比于现金支付，ETC 收取的费用通常有折扣。这似乎有点令人意外，因为在购买汽油等商品时，使用现金会有折扣。不过，这是因为，电子支付极大地降低了收费公司储存和运输现金的成本和风险，更不用说节省了收费窗口的人员成本了。

如果没有 EZPass、FasTrack、Liberty-t 或者 VIA-T 这些电子收费系统，司机就要排队将现金交给收费员。司机愿意为这种便利付费，而且他们真的这么做了。在美国东部，司机们把一笔钱存入 EZPass 账户，以便在将来需要的时候使用。这种做法类似星巴克和其他咖啡快餐厅使用的预付卡和应用程序。用户愿意一次充值数百美元，因为他们需要持续不断地使用它。他们还会在租车公司索要通行卡，以减轻旅途上支付过路费的麻烦，即便只租几天车也会这样做。美国宾夕法尼亚州收费高速公路管理局（Pennsylvania Turnpike Authority）表示，到 2020 年，有 86% 的司机在该州的道路上使用 EZPass。宾夕法尼亚州收费高速公路上的许多出入口只对 EZPass 用户开放，这就意味着现金用户不能开车走这类道路，原因仅是因为用户使用现金支付。在取消其他支付方式的做法上，加利福尼亚州的 FasTrack 做得更过分——你需要使用 FasTrack，否则你的车牌号会被拍下来，然后你会收到一张发票，要求你支付更多的过路费（你可以用支票或者银行卡支付）。欧洲的一些系统正在使用和用户银行账户直接关联的借记卡来支付过路费。在不久的将来，人们大概率会使用第三方可以访问消费者资金账户的开放式银行服务来触发支付。当用户的账户每次通过 Liberty-t 或 VIA-T 的控制点时，都会触发支付。

  EZPass 还被用于监测和优化交通流量，手机以及连接互联网的汽车也被用于此。运营 EZPass 的是一家叫作康顿特（Conduent）的公司，该公司可以和市政当局分享这些数据，以确定汽车在哪里速度慢了，或者拥堵了。我们所说的智慧城市，可以利用参与交通的居民产生的所有数据，来消除交通瓶颈，优化人员、商品和服务的流动。一些城市（新加坡是一个值得注意的例子）已经将这一概念发扬光大,并为其他城市做出了榜样。

预付费的公交卡丰富了城市的交通数据。以前的交通系统可能会知道有多少人在 A 站进入系统,在 B 站离开;而现在的系统可以知道哪个人在 A 站进入系统,在 B 站离开。智能城市可以利用自行车租赁系统的数据[比如伦敦的桑坦德(Santander)自行车租赁系统和纽约市的都市单车(Citibike)自行车租赁系统的数据],交通系统的数据[比如伦敦交通局(TFL,世界上最早使用支付卡实现非接触式支付的交通系统之一)的数据]以及收费控制点的数据,来判断人们在什么时间需要去什么地方。虽然这些数据对纽约市可能没有多大用处,但对于新加坡和柏林这样拥有世界上最好的交通系统的城市却很有用处。他们已经在智慧城市的战略中使用这些数据,改善了居民和游客的出行。

这个由数据接收器组成的网络就是物联网。它预示着未来的一切都是连接在一起的,一直连到消费者的指尖。隐形支付可以让生活更顺畅、更高效。你可能会注意到,在科幻电影和电视节目中,很少出现支付镜头,因为他们是嵌入式的和隐形的。

联网汽车:特斯拉(Tesla)和其他

特斯拉电动汽车家族中的联网汽车,为物联网和嵌入式金融提供了大量机会。与任何存储了支付凭证的设备一样,联网汽车可以在驾驶员或用户同意的情况下（经常是通过语音指令同意）进行支付。

虽然一些使用者可能会质疑智能烤箱或者智能冰箱的实用性，但很少有人会质疑联网汽车是否可以改善使用者的驾驶体验。特斯拉的汽车不仅能提醒司机交通拥堵和最佳路线，还能报告龙卷风和飓风等灾害天气。

特斯拉

成立：2003 年

市值：10500 亿美元（2022 年 1 月）

员工：70750 人

早期发展历程

2003 年成立的特斯拉公司，最近的市值超过了通用汽车公司（General Motors，1908 年成立）的 10 倍。虽然特斯拉的股价飙升，在一定程度上归功于它那位雄心勃勃的首席执行官埃隆·马斯克（Elon Musk），但也有一部分原因来自特斯拉无与伦比的"超连接性"（hyper-connectivity）。与同时代竞争对手的汽车相比，特斯拉汽车采用的技术非常先进。与大多数竞争对手不同，特斯拉被投资者和市场视为一家科技公司，而不仅是一家汽车制造商。

在过去10年里，汽车每年都会加装越来越多的计算机硬件和软件。但特斯拉超越了大多数此类公司，在其产品中囊括了加密货币、开源软件、云计算以及基于机器学习的自动驾驶等技术。和手机一样，特斯拉的软件也会频繁地远程更新。这种以技术为先导的做法使它领先于其他汽车制造商，华尔街对此显然表示认同。

马斯克抱负远大，我们可以期待特斯拉继续试验它的尖端技术。它的智慧汽车将接入智慧城市的物联网接入点，它的机器学习功能将帮助人们订购一切东西，从维修零件到食物再到周年纪念品。联网汽车也将连接到联网家庭。特斯拉不仅是一家汽车制造商，也是一家电池生产商，或是一家能源公司。特斯拉将在智能家居领域发挥越来越大的作用。它已经推出了家用电池墙，当家里停电时，它可以充当发电机。随着司机在路上花的时间越来越多，始终联通的特斯拉将在商业领域发挥越来越大的作用。

联网汽车和支付

我们看到，物联网在嵌入式金融中发挥着越来越大的作用，但传统行业还有一种办法可以在这个市场中分得一杯羹。一些汽车制造商从不同的角度进入这个市场,首先是从支付领域。我们都知道,买车通常是我们人生中的一大笔消费。汽车制造商沃尔沃(Volvo)抓住了这个机会,扭转了这一模式。沃尔沃在购买或者租赁汽车之外,提供了另一种替代方案,名为"沃尔沃关爱"(Care By Volvo)的汽车订户服务。这个服务里没有首付款,也没有长期合同。通过订户服务,与你的汽车体验相关的一切都包括在内——比如汽车保险、保养、维修——如果你订了一辆车,那么所有这些都包括在内。Skype前首席运营官、沃尔沃董事会非执行董事迈克尔·杰克逊(Michael Jackson)认为,这与通信行业的发展简直一模一样:

20年前,如果你想打电话,必须走到桌子边,拿起电话,使用美国电话电报公司(AT&T)的服务。而现在,电话和通信已经融入了我们知道的一切。无论在哪里,你在网站上都能找到内嵌的聊天功能,你的车里都会有一个按钮,按一下就能聊天。你不再使用电话公司的服务了。这就是嵌入式金融将来的样子。

这对"沃尔沃关爱"的订户意味着什么?迈克尔说:"这意味着他们支付费用拿到汽车的时候,这笔钱会自动从他们的银行账户中扣除。但与此同时,这也意味着无论何时使用额外的服务,一旦使用,都会被自动计费。停车会自动计费扣款,使用汽车上额外的软件以及额外的功能会自动计费扣款，等等。"这么做为什么行得通？因为客户不关心这些细节，坦率地说，他们也没有理由关心。

至于嵌入式金融对汽车制造商及其他厂商的重要性，迈克尔表示："嵌入式金融，如同我们见过的嵌入式通信一样，是趋势所向，未来20年必将成为主流。你需要将支付、保险，甚至全新的金融服务自然地整合到你的产品中。你必须这样做。因为公众需要这样。"

让我们看看汽车领域的一个标志性品牌迈凯伦（McLaren）。迈凯伦为什么要提供金融服务？对于刚进入这一行业的公司来说，赛车是一项非常独特的运动。赛车场容量有限，周边商品也仅限于帽子、衬衫等。迈凯伦在一级方程式赛车和其他赛事方面取得了巨大的成功，而且他们的发展还远不止于此。他们在新材料、工业制造等方面，也是世界一流的工程公司。像迈凯伦这样的品牌如何扩大粉丝群？迈凯伦和其他类似的公司正在通过电子竞技等渠道，寻找传统途径之外的吸引和扩大粉丝群的方式。虚拟比赛一天24小时不断进行。当玩家赢得比赛，为什么不奖励他们一张迈凯伦皮肤？把他们在虚拟世界的赛车喷涂成迈凯伦赛车的样子？然后那些喜欢收集的人就可以花钱购买这些皮肤了。

迈凯伦进入金融服务领域后，其主要合作伙伴和推动者轨道银行（Railsbank）公司的首席执行官奈杰尔·弗登（Nigel Verdon）说："开展金融服务是为了发展迈凯伦和粉丝之间的关系。不仅让粉丝有参与感，还能为迈凯伦带来收入，带来回头客。你了解消费者，了解他们的财务状况和消费习惯。你赋予消费者这种体验，然后利用这种体验为消费者和公司带来利益。"

这种模式真的可以赚钱。假设迈凯伦现在有 100 万粉丝，通过嵌入式金融和多渠道的连接方式，每名粉丝每个月都能给迈凯伦带来 1 美元的收益，一年就是 1200 万美元。让我们把眼光投向更大的范围，以世界上最受欢迎的足球队曼联队（Manchester United）为例。根据全球市场研究机构凯度公司（Kantar）的调查，截至 2019 年，曼联俱乐部在全球拥有 11 亿球迷，有人估计现在这个数字达到了 15 亿。为了简单起见，我们权且算它是 10 亿。想象一下，如果在这些粉丝中引入嵌入式金融应用，1 个人 1 个月即使只贡献 25 美分，也相当于每年有 2.5 亿美元的收入了。

嵌入式金融也是基于消费者数据的游戏。我们回到迈凯伦的例子。如果你掌握了粉丝的数据，能够看到他们在做什么、在哪里消费、消费了什么，你便能够使用这些数据为他们提供正好满足他们心意的奖励措施。此外，如果粉丝又回到同一个赛场或电子竞技场馆，你作为品牌厂商，就会更清楚地知道应该在哪里放置商品或者广告。而且最好的是，我们讨论的这些数据都是品牌厂商掌握的数据，而不是第三方掌握的数据。

家庭物联网

围绕着家庭，物联网也在兴起，最初通常应用在诸如三星冰箱和烤箱这类奢侈品当中。亚马逊推出的虚拟助手亚历克莎（Alexa）就相当于在家里面放了一只扬声电话，可以在很长时间内听从用户指令，为他们在亚马逊上订购的东西付款。Alexa 与你在亚马逊上存储的支付信息关联，无论你在亚马逊上买了什么，都可以获得流畅的支付体验。用户现在可以使用 Alexa 应用程序来支付自己的账单，他们只需要对着扬声电话或者移动设备说话就行了。但在机器人技术的帮助下，连接互联网的设备也可以做得非常便宜、非常小。2015 年，亚马逊率先尝试推出了"一键购物按钮"，可以连接你的嵌入式支付凭证，只需动动手指就能支付。这种按钮是一个简单的塑料按钮，每个 5 美元，有背胶，可以粘在冰箱、洗衣机或者其他任何地方。用户只需按这个按钮，就可以重新购买洗涤剂或者卫生纸，这是上一代家庭主妇的梦想。这些信息存储在用户的亚马逊账户中，重新购买的过程变得尽可能简单。为什么这个省时省力的发明现在没有了呢？其中一个问题是，许多使用这个按钮的家长发现，他们的孩子很喜欢按这个按钮——有人有过因此重复地、无休止地收到洗洁精的体验吗？

虽然对于整个行业来说，这不是什么大问题，但儿童使用已经存储好的支付凭证订购商品和服务，确实是隐形支付的绊脚石之一。这一点甚至已经反映在了流行文化当中。在2017年的电影《新小屁孩日记》(Diary of a Wimpy Kid: The Long Haul)中，两个孩子用家长的手机叫了一辆优步车，开始了一段漫长而昂贵的旅程，可他们还彼此告诉对方："这是免费的！"

"一键购物按钮"在推出不久后，就遭到了广泛的嘲弄，被称为反乌托邦设计，最终被叫停。《纽约客》(New Yorker)打趣道："把购物按钮放在我们触手可及的地方，会让人联想到一幅令人不安的画面——我们的家就像一只巨大的斯金纳箱（Skinner box）[1]，我们就像老鼠一样不停地按着快乐杠杆，直到精疲力竭。"还有更尖锐的：丹麦一家法院发现"一键购物按钮"违反了消费者保护法，因为系统没有为点击下单这个行为提供费用信息，而费用可能在上一次下单后发生了变化，或者在费用中包括隐形的或者意料之外的费用。像Alexa这样的虚拟助手可以提供类似的功能，但交互的信息会更多。不过，除非你问它，否则它也不会提供比"一键购物按钮"更多的关于产品的费用信息。

"一键购物按钮"和虚拟助手这样的设备，预示着智慧家庭的未

---

[1] 斯金纳箱（Skinner box）是心理学实验装置，由行为主义者伯尔赫斯·弗雷德里克·斯金纳（Burrhus Frederic Skinner）发明，用在关于操作性条件反射作用的实验中。人们通过斯金纳箱来研究刺激与反应的关系，从而有效地控制有机体的行为。——译者注

来。那时家里将布满传感器，并通过互联网连接商户。商户通过嵌入式支付，可以流畅地把你订购的货物送到。咖啡机和洗衣机可以自动购买自己的耗材。向现有订单中添加服务也很简单，比如保修、保险或者更复杂的金融产品。家庭将成为这些交易发生的场所——正如近些年来，家庭已经成为许多经济活动的场所一样。

保险

对于消费者来讲，无论他们是在开车、租车，还是在旅行预订，保险服务就像金融服务一样，和他们息息相关。当交易刚刚完成，消费者满脑子都是这款产品和这家公司时，你可以及时向他们提供合适的保险报价。与几周后时过境迁，消费者才收到纸质的通知相比，实时提供报价，成功的机会大得多。

麦肯锡公司估计，到 2030 年，嵌入式金融的市场机会将达到 70000 亿美元，其中保险业占比超过 40%，达到 30000 亿美元。为什么会这样？原因主要在于保险业拥有巨大的发展空间。许多年轻人和不使用银行服务的人通常不上保险，而依靠现在的技术和数据，可以为这部分人定制适合他们的保险产品。想象一下，你从一个喜欢的品牌那里买了一台电视，而且你和这个品牌之间有过很多接触，那么当你下次再购买这个品牌的时候，他们就会为你提供一份保险产品（见图 4-1）。当这种服务与你喜欢的产品和公司捆绑在一起时，你更有

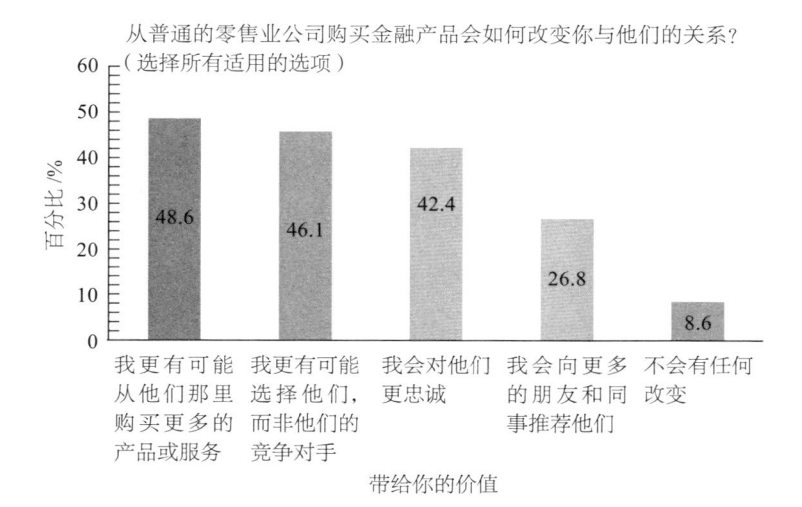

从普通的零售业公司购买金融产品会如何改变你与他们的关系？
（选择所有适用的选项）

百分比	选项
48.6	我更有可能从他们那里购买更多的产品或服务
46.1	我更有可能选择他们，而非他们的竞争对手
42.4	我会对他们更忠诚
26.8	我会向更多的朋友和同事推荐他们
8.6	不会有任何改变

带给你的价值

图4-1 大多数消费者会更积极地看待为他们提供金融服务的零售商

来源：基石顾问公司。

可能会按下"同意"按钮。

嵌入式保险在未来会如何发展？它会对谁产生影响？Astorya.vc的合伙创始人弗洛里安·格拉约指出，即使嵌入式保险有很多好处，也不是每个客户都能成为它的目标客户并受益的。他说：

我认为我们必须牢记一点——这一点很重要——就是，并不是说整个行业都会转向线上。我们只是看到客户在某些时候需要数字化产品。至于目标渗透率，最好还是看看零售业和电子商务。到2021年，在整个零售市场中，有30%～50%的业务是通过电子商务完成的。这是我们在嵌入式保险方面可以参照的目标，我们甚至可以从更没有压力的 10% ~ 20% 开始。

虽然这一比例相当小，但欧洲保险市场的机会仍然巨大。正如珍妮弗·鲁登在统计数据门户网站 Statista 上的那篇文章中说的："2018 年，欧洲人寿保险公司的承保保费，总额达到 7640 亿欧元。在人寿保险以外的保险市场，保费总额约为 4070 亿欧元，是人寿保险保费的一半多一点。2018 年，欧洲保险公司支付的人寿保险收益接近 7040 亿欧元。"我们在全球各地都看到了这种规模的数字，这一领域的机会是巨大的。

利用嵌入式保险，可以非常具体、精密地为特定用户提供特定的产品。对于占领了市场或者拥有较大市场份额的跨行业公司来说，情况尤其如此。那么，可以在哪些领域或产品上先做尝试呢？不妨把宝押在口袋产品上，也就是你随身携带的设备或东西上，比如手表或手机上，是一个安全的选择。在购买这类东西时，你经常会被问到是否愿意为任何损坏或过度磨损购买保险。这种做法已经超出了手机的范围，覆盖到了比如自行车等实体商品领域。如果你买了一辆 500 美元的自行车，那么店家通常会问你是否愿意为它购买意外损失险。越来越多的消费者已经习惯在结账过程中被问到这类问题。正如弗洛里安所说："如果你是卖自行车的，你就和自行车保险有关；如果你是做家装的，你就和房屋保险有关；如果你是卖健身产品或者任何可穿戴设备的，你就有机会销售人寿保险或者健康保险。"

实践中的嵌入式保险

从英国到德国，再到法国，再到欧洲大陆，我们看到了大量的保险科技创业公司。总部位于英国的大众购（Bought by Many）是一家保险科技创业公司，已经积累了数十万客户。在德国，有一家名为享平安（Get Safe）保险科技创业公司，它主要提供自行车、家居和电子产品方面的保险产品，仅在德国就拥有超过25万名客户。在法国，专注于家庭保险的保险科技创业公司Luko拥有20多万名客户。尽管与拥有数百万客户的安盛（AXA）或安联（Alliant）等保险巨头相比，这些用户数量仍然很小，但这些新生力量足以显示，人们有直接从这些保险科技创业公司购买保险产品的需求。

区尔（Qover）

成立：2016年

市值：1.18亿美元

员工：87人

早期发展历程

Qover公司在其领英（LinkedIn）页面上这样声明："我们

> 的嵌入式保险产品基于开放 API，可以帮助快速成长的数字化公司更简单、更智能、更容易地嵌入保险服务。"
>
> Qover 在 2021 年的发展非常迅猛，营业额已经超过 3500 万欧元，如今在 32 个欧洲国家开展业务，提供保险解决方案。Qover 的客户包括新型银行 Revolut 和外卖平台户户送。它活跃在零工经济和绿色出行领域，也就是依靠共享单车、滑板车和自行车的出行领域。这在欧洲城市当中，是一个庞大的垂直领域。

2016 年在比利时成立的保险科技创业公司 Qover 就是一个很好的例子，证明了嵌入式保险的吸引力。令 Qover 兴奋的是，它与欧洲最大的新型银行 Revolut 结成了合作伙伴。截至 2022 年年初，这家银行的估值超过 55 亿美元。与 Revolut 以及其他新型银行提供的类似产品一样，嵌入式保险同样提供了一种流畅的客户体验，访问轻松，容易理解。Revolut 的客户群庞大，拥有超过 1500 万名客户。Revolut 希望将保险产品嵌入到自己的业务当中，通过额外的服务，在它现有的客户群中获得额外的利润。在 Qover 网站上的案例介绍中，Qover 的员工进一步分享了 Revolut 选择 Qover 的原因。他们是这样说的："Revolut 希望找到一家公司，能够在遍布欧洲的 32 个国家中，采用单独的、统一的技术部署新一代保险解决方案——这对传统保险公司来说是不可能完成的任务。"Astorya.vc 的合伙创始人弗洛里安·格拉约说："如果你是一家已经拥有客户群的平台或者公司，并且需要在现有的客户群上创造额外的收入，那么利用保险是一种非常保险的方法。与银行业务不一样，保险业务是一种非主营的、获得额外利润的业务。"

那么，Revolut 提供的保险产品具体情况是怎样的？在它的用户案例说明中，是这样写的："我们提供的保险产品完全集成到银行的手机应用程序当中，允许'附加（Plus）''优享（Premium）'和'金属（Metal）'3 个级别的客户实时访问 3 种新的保险产品。"Revolut 的客户能够在一个易于查询的地方，查看保险政策的细节以及所有的法律文件。为了强调这种"一站式"解决方案的吸引力，它还提到："依靠 Qover 团队的技术，Revolut 客户可以在应用程序中直接报告、跟踪和管理索赔流程。我们有一套通知推送系统，保证在索赔过程的每个阶段用户都能得到通知。"这个例子非常好，因为它包含了一个基本原则，就是要以一种实时的方式满足客户的需求，方便他们，提升客户体验。

美国也有几家新型保险公司，以移动和嵌入式的方式提供保险产品，帮助客户快速做出决策。总部位于纽约的柠檬水（Lemonade）公司在 2020 年夏天上市前，筹集了近 5 亿美元。这家公司在首次公开募股时提供的 S-1 申请表中这样写道："在技术、数据、人工智能、当代设计理念和行为经济学的帮助下,我们的保险产品更令人愉快、更便宜、更精确、更具有社会影响力。为了这个目标,我们建立了一个横跨欧美的全资保险公司。我们具有全套的技术栈,是一家垂直领域的集成公司。"通过柠檬水 API(Lemonade API),Lemonade 公司可以将它的全部功能嵌入到租赁和搬家公司的网站当中。Lemonade 公司还提供房屋和汽车保险,只需在它的手机应用程序中,或者在某个应用程序的嵌入功能中点击几下,就可以完成投保。尽管受华尔街担心房地产市场过热的影响,Lemonade 公司的股价在 2021 年经历了一段困难时期,但截至 2022 年年初,Lemonade 公司的市值仍为 22 亿美元。

欧尼卡(Ornikar)

成立:2013 年

市值:7.5 亿美元

员工:229 人

早期发展历程

Ornikar 在其领英的主页上声明:"我们认为,驾驶体验是汽车移动性中的重要一环:我们在你学习驾驶过程中会一直支持你,并为你购买汽车保险。我们会在法国、西班牙,并很快在世界各地重新创造这种体验!"

> Ornikar 最初是一家驾校。它为人们提供了一种廉价的获得驾照的方式，然后利用客户的数据和汽车行业的经验进入汽车保险业。到目前为止，它只在法国开展保险业务，但由于它的驾校遍布欧洲，所以其他地区的业务应该很快就会跟上来。

在非传统品牌中，也有了很好的实施嵌入式保险的例子。Ornikar 最初是一家为年轻司机开设的驾校，非常受欢迎，于是开始向年轻司机销售汽车保险。这一业务同样获得了成功，帮助公司募集了超过 1 亿欧元。它现在作为保险分销商，为所有司机提供保险产品。

为什么 Ornikar 在嵌入式保险领域取得了成功？这是因为，它遵循了以市场需求为导向的原则，在此基础上开发保险产品。对于有意进入保险行业的公司，建议遵循以下的指导原则：从解决市场需求开始，先解决客户问题，再集中精力，开发正确的技术和产品来满足市场需求，然后在自己的业务中嵌入保险能力。

中国平安保险（集团）股份有限公司

成立：1988 年

市值：9118.18 亿元（2023 年 2 月数据）

员工：近 100 万人（2022 年数据）

早期发展历程

中国平安保险（集团）股份有限公司从自己的生态系统出发，涉足不同的领域。中国平安集团现在拥有中国最大的二手车销售市场和最大的电子对账平台。

平安集团用一种和其他公司相反的方式利用嵌入式金融。它从保险业起家，然后拓展到非金融服务领域。它现在可以为消费者和企业提供一系列保险产品，包括健康保险产品等。

案例研究：中国平安保险（集团）股份有限公司

中国平安保险（集团）股份有限公司从保险业起步，后来进入医疗保健等相关领域。这家公司的首席创新执行官罗中恒（Jonathan Larsen）为我们讲述了中国保险业的现状，以及如何从保险业起步，提供更多的金融服务："我们认为，中国保险业的下一步发展将会越来越多地创造真实世界中的服务，并尽可能以数字化形式交付，让我们的这些服务真正落地。"

罗中恒还介绍了一款为汽车保险客户开发的手机应用程序。他说："这里的一个例子是汽车保险，我们已经开发了一个名为'平安好车主'的应用程序。"

在这个平台上,我们大概有5000万注册用户。其中约一半是我们的实际客户,剩下的是我们的潜在客户。这个平台提供了非常丰富的功能,可以让你获得与汽车相关的很多服务。上面有我们的远程车辆信息处理平台,用户可以根据需要做出选择,授权我们监控司机的表现和行为,并评估他们的风险。我们可以使用这个功能奖励低风险司机,也可以用它来鼓励正确的驾驶行为。

平安现有的业务为其寻找潜在的客户提供了帮助。在现有客户群中销售附加关联产品,总是比开发新客户更容易、更便宜。"我们能够利用这个平台吸引客户,拉近客户与我们的距离,在非金融服务方面建立联系——而你知道,下一步就是在金融服务方面建立联系。"罗中恒说,"因此,这或许也是一个例子,说明我们能够将非金融服务与金融服务连接起来。"

平安集团也从保险领域转向了医疗保健行业。医疗保健是世界上最热门的行业之一。尽管许多国家提供了免费的或者有大量补贴的医疗保健服务,但总会有某些自费项目和某些客户(通常是极其富有的人)在这个体系之外购买服务。"我们公司在中国最大的业务是个人健康保险业务,这也是我们进入医疗保健领域的原因之一,因为这是我们健康保险业务的延伸。"罗中恒接着说:

这是一个很有潜力的领域。我们在寻找一种方法,可以覆盖更大的目标市场,比目前的个人健康保险市场更大的市场。我们已经成功推出了"平安好医生"这个平台。这个平台目前有4亿多注册用户,是世界上这类平台中最大的之一。

平安集团有意思的地方在于,在某种方式上,它是反向利用嵌入式金融的。它利用保险业的金融服务平台销售其他非金融产品。罗中恒说:

现在我们有了这个平台,就可以把这些功能和服务嵌入我们提供的医疗健康保险服务中去,或者嵌入我们提供的一些具有保健条款的人寿保险和PNC(Primary and Noncontributory,第一赔付人及非分担条款)当中。所以,这是一个例子。"平安好医生"这个平台背后的战略就是如何推动现实中的服务和金融服务共存,并相互作用。我们现在已经建立了第一个大型平台，可以进行初级保健咨询，也就是第一级咨询。我们认为，这是在我们现有的金融服务上，增加了一个非常有价值的附加服务。

对金融服务业以外的影响

从上面的例子中可以看到，从传统零售业的实体店到保险公司，嵌入式金融在日常生活中的机会非常多。以下是几个传统行业的例子，我们可以看到嵌入式金融产生的影响。这些行业分别是医疗保健行业、媒体行业和电信行业。

医疗保健行业

在从古老支付的方式走向数字世界的过程中，医疗保健行业有着巨大的机会。嵌入式金融可以帮助公司抓住这些机会。桃支付（Peachy Pay）公司就是一个很好的例子。

> **案例研究：Peachy Pay**
>
> Peachy Pay 公司的创始人兼首席执行官莱克丝·奥勒（Lex Oiler）非常清楚医疗保健行业的系统有多过时。她说：

2017年，我有一笔144美元的医药费进入了催收程序——不是因为我没钱付，而是因为我根本没有收到过账单。在我住院生孩子的一系列令人抓狂的过程中，有一张账单不知怎么遗失了。我不知道它是在邮寄过程中丢失的，还是寄错了地址，还是根本就没寄出。我只知道结果就是，我的信用报告上很多年都留下了这个污点。当我最终得知这笔账没付时，我拿着信用卡给9家不同的催收公司打电话，试图找到愿意让我付账的人。结果是，没有人知道这笔钱应该付给谁，而催收公司最终直接从我的信用报告中删除了这条记录。

莱克丝的故事是一个很好的例子，说明我们在讨论客户至上以及提供流畅、透明的客户体验时，我们究竟在强调什么。但不幸的是，医疗保健行业的账单通常提供不了这样的体验。在美国，这一产业的规模巨大。虽然莱克丝的例子来自医疗行业，但这些账单以及逾期未付后接到的催收电话可能来自各个行业。

莱克丝接着说：

我以前认为，一定有某种监管原因使医疗保健行业无法走出这种过时的流程。但当我开始研究这个问题时，我意识到事实并非如此。我发现医疗保健行业的效率真的很低，而且令人难以置信地抗拒改变。对我来说，解决方案相当清楚。在美国，几乎每个成年人的口袋里都有一部智能手机。我们都习惯了用手机在网上购物；为什么不将类似的经验应用到医疗保健领域呢？当我从医疗服务提供者的角度深入研究这个问题时，我发现这个问题困扰着患者，医疗服务提供者也同样在这个问题中挣扎！过去10年，随着高免赔额的医疗保健方案越来越流行，医疗服务的提供者需要直接从患者那里收取越来越多的费用。如果他们被困在这种现状当中，就等于把一大笔钱白白放在桌子上，收不回来。

在这种情况下，嵌入式金融可以为医疗市场上的供需双方提供巨大的价值——不仅对患者有好处，对医疗服务的提供者（包括医生）也有好处。利用技术手段，人们可以更容易地支付账单，同时围绕着账单，患者和医疗服务的提供者也更容易建立联系，医疗服务的提供者也能更有效地发送和管理账单。

但是支付只是Peachy Pay公司做的第一件事。莱克丝说：

"从我们建立 Peachy Pay 公司开始,医疗服务提供商就一直在询问贷款事宜。很明显,患者需要一些其他的方式支付医疗费用。"这一点也不奇怪。2021年《纽约时报》上的一篇文章称,"催收公司去年要催收的未支付的医疗账单高达1400亿美元。"文章接着说:"在2009—2020年期间,未支付的医疗账单是美国人欠催收公司的最大债务。"它同时也是导致这些机构破产的最主要原因。

目前,医疗费用的支付过程几乎完全是手工操作的。通常,患者的筹资渠道有两种:由医疗服务提供商提供内部支付计划,或者是由医疗贷款机构提供贷款。在这两种情况下,整个流程对医疗服务提供者来说都是相当痛苦的。正如莱克丝所说:

假设医疗服务提供商要为患者提供一个内部支付计划。在这种情况下,他们通常采取一事一议的方式,因人而异地谈一些条款,并采用某些内部流程跟踪这个付款计划,通常是写在电子表格或者日历中。然后,医疗服务提供者的工作人员必须记得按照谈好的时间表从患者的银行卡上扣款。这对医疗服务提供者来说是一场噩梦。

对于那些不想处理这些麻烦事的医疗服务提供者来说，他们可以选择第三方贷款机构，但大部分流程仍然是手工完成的，而且肯定谈不上什么流畅的客户体验。医疗服务提供者告诉患者第三方贷款机构的网站，让他们当场在网站上提交申请（就像我们在零售业的结账柜台前看到的那种情况），或者让患者回家自己提交申请。而当患者回到家里，试图一个人弄清如何申请贷款时，他们申请贷款的可能性就大大降低了——而且肯定不会获得完美的客户体验。

这种体验会在付费过程中导致大量的摩擦。患者肯定要求灵活的选择，而不是将付款规定视为默认选项。它可能会给经济困难的患者带来一定程度的羞耻或尴尬。而对于医疗服务提供者来说，实现和提供这些选项的过程也令人头疼。莱克丝接着说："患者和医疗服务提供者都需要一种简单的方式支付医疗费用，因此在数字化支付的过程中，提供融资选项可以减少患者和医疗服务提供者之间的摩擦。这样，患者就可以很容易地获得融资，而无须克服任何额外的障碍，医疗服务提供者也不再需要手工管理借出去的贷款了。"

那么，专注于支付业务的 Peachy Pay 公司会如何把握这一机遇呢？当然是通过合作了。它与另一家金融科技公司坚果公司（Walnut）合作。Walnut公司在其网站的宣传是"先看病，后付款"。莱克丝说：

通过和Walnut公司合作，我们可以在Peachy Pay公司当前的支付系统中，为患者提供符合他们利益的筹资选择。集成了Walnut公司的产品后，我们基本上可以在自己的支付系统中，为患者提供他们所能想到的任何支付形式。患者不用离开支付系统去寻找筹资途径，我们直接将筹资选项集成到了现有的账单支付功能中。你可以很容易地申请贷款，立即知道被批准了还是被拒绝了，选择你的还款计划，并进行第一次付款。所有这些操作都是通过Peachy Pay公司的界面安全完成的。

我们刚刚描述的是利用嵌入式金融如何为最终客户服务的一个例子。在这个例子中，最终客户是患者。

那么对于医疗服务的提供者来说，又是什么样子？莱克丝接着说：

当医疗服务提供者为患者提供"Walnut患者筹资计划"时，患者可以选择（1）通过借记卡、信用卡、苹果支付或谷歌支付全额支付账单;(2)设置3个月、6个月、9个月或12个月的支付计划;(3)现在还有申请最长36个月的筹资选项。患者在支付医疗费用时不用离开Peachy Pay支付环境。我们希望为他们提供所需要的一切,让他们在支付医疗保健费用方面做出明智的选择。

随着医疗保健领域的费用持续飙升,现在正是嵌入式金融紧密集成到这一领域中的最佳时机。而我们才刚刚开始。随着集成到这个领域的东西越来越多(想想健康方面的数据和其他东西),未来是光明的,机会是无穷的。所有这些事情都是为了让客户有更好的体验,减少患者因疾病陷入财务困难和破产的境地。

媒体行业

很少有行业像音乐行业这样被互联网彻底颠覆。随着声田、苹果音乐等平台的出现,音乐走向数字化,唱片公司的角色发生了深刻变化,但他们对整个行业的重要性仍然未变。仅因为商业模式的改变,并不意味着核心部门不再有价值,他们只是改变了形式。媒体行业和音乐行业是另一个很好的例子。在这些行业中，充满了嵌入式金融的应用机会。在流媒体时代，音乐创作者从粉丝那里获得的直接收入（包括购买专辑或歌曲以及现场演出的门票）少了很多，而且艺术家从他们的作品中获得报酬的时间间隔也长了很多。这些资金流向了声田等平台，它为创作者设定报酬标准。随着主流平台日益壮大，内容创作者在所有的创意领域都面临着类似的挑战。这导致了像派特隆（Patreon）这样的创作众筹平台的兴起，在这些平台上，媒体消费者可以直接向创作者付费；或者像纸链（Paperchain）这样的平台，唱片公司可以根据下载量向创作者预支现金，等等。

面向特定行业的服务公司，可以向他们的客户群提供有针对性的产品。我们在本书中已经提到过几个，譬如 Aspiration、Daylight 等面向特定行业的在线金融平台。"勇气"（Nerve）是一家为音乐人服务的新型银行，它提供了一些功能，专门应对当今音乐行业面临的特殊挑战。

中国平安保险（集团）股份有限公司的首席创新执行官罗中恒很好地总结了嵌入式金融对传统行业的影响。他说：

现在的变化是，数字化颠覆了许多公司的分销模式，为他们提供了更便宜、更方便的途径。以前，在大多数情况下，对于消费者来说，定义行业的是实际的分销渠道，因为分销渠道伴随着业务和产品而来，必不可少。你以前总要去淘儿唱片公司（Tower Records）买黑胶唱片，后来去买光盘，对吧？你以前常去百视达（Blockbuster）租录像带。你以前总会去书店买书，可能是街角那家店，也可能是美国最大的零售连锁书店——巴诺书店（Barnes & Noble）。你过去经常去电影院看电影，你看过的大部分电影都是在电影院看的。这样的事情，有一些我们现在仍在做，但很显然，这类事情我们做得越来越少了。所有这些服务都被数字化了，他们都可以通过我们自己的设备来消费。这些设备很划算，而且几乎无处不在，他们终结了传统的分销渠道和基础设施的运营。我认为综合数字供应商——中国平安保险（集团）股份有限公司——当然希望成为其中之一，因为它已经具有强大的力量，能够整合各种服务，重新定义行业的边界。

电信行业

电信行业面临的挑战和其他行业一样。电信运营商西班牙电信（Telefonica）是最早进军欧洲金融服务业的公司之一，在德国在线银行Fidor的支持下，它在德国推出了O2银行业务。这一业务面向在德国的所有西班牙电信的移动客户，它的背后是金融科技公司Fidor的银行平台和它的银行牌照。类似西班牙电信这种品牌厂商为客户提供银行服务，是电信行业机构尝试将生活方式的体验与银行业务结合起来，抓住它带来的无限机遇，最终启动并发展嵌入式金融应用。西班牙电信和其他电信公司一直在考虑利用嵌入式金融提供的机会，向他们庞大的客户群提供金融服务，以此提高客户的忠诚度和终身价值。

正如我们在本书后面将会讨论的那样，电信公司可以帮助那些没有信用记录、欠缺银行服务的人们获得银行服务。他们可以通过话费支付，证明自己的信用。我们在后面会看到，M-佩萨（M-Pesa）公司就是一个很好的例子，它是这个领域中的金融科技公司。

我们将何去何从

嵌入式金融需要多方合作：银行或者受到监管的实体公司负责创造基础产品，金融科技公司充当服务通道，面向消费者的零售厂商管理用户体验。此外，技术和监管必须保持一致，以便进行必要的交互。最重要的是，最终客户必须做好准备，愿意在非传统环境中购买金融产品。现在，各个部分都已就绪。在下一章中，我们将逐一讨论。我们会特别关注"银行即服务"业务，这是嵌入式金融的必要基础。通过它，公司可以在特定的环境中，单独提供某种银行服务。但最重要的点之一，正如本章中大量线上和线下的例子所显示的那样，从现在开始，就应该实施嵌入式金融应用了。

总结

尽管数字化交易大幅增长，但大多数商业活动仍发生在线下。随着闭环购物卡、先买后付、隐形支付等服务模式的出现，在零售业的实体店中，嵌入式金融正在快速创新。任何面向消费者的公司都可以向消费者提供金融服务，并从中受益。

- 在一个日益联系紧密的世界里，品牌厂商和消费者之间的接触点可以是无限的，和任何一个公司客户之间的接触点也一样。
- 品牌厂商正在利用新的方式，为消费者提供便利。比如在业务进行的过程中，提供诸如无收银员结账柜台，以及即时信贷等。
- 嵌入式金融在医疗保健、媒体和交通运输等不同的行业都有应用机会。

第五章 嵌入式金融发展的好时机

我们已经看到嵌入式金融在线上和线下如何使消费者、商家受益。我们也看到了客户的期望如何随着技术进步而一步步演化。这些都让我们认为，现在是发展嵌入式金融最好的时机。

在过去几年里，多种因素结合在一起，促使科技公司、金融服务提供商、监管机构和消费者都处在最佳状态，正好可以充分利用嵌入式金融应用。

第一，技术发展已经到位。使用应用程序编程接口（API）、开放式银行服务、"银行即服务"功能以及人工智能这些技术，基础设施已经做好了准备，可以进入下一层次。

第二，监管部门已经做好了准备。金融服务公司向一系列监管机构报告，而每个机构关注的优先事项不同。围绕着创新，大家已经达成共识，监管机构也愿意看到更多的应用实例，只要他们能够服务于客户，就可以放行。监管机构正在努力了解金融科技公司，了解他们在生态系统中扮演的角色。

第三，金融服务提供商已经做好了准备。银行可以通过 API 提供复杂的服务，当然并非所有银行（也并非所有的 API）的能力都一样。随着分销模式的改变，银行需要寻找新的收入来源，并以不同的方式与客户互动。"银行即服务"这一领域已经发展成熟，而且银行正在探索新的收入来源,并通过嵌入式服务接触新的客户。银行正在积极地寻找伙伴关系,建立新的模式以满足客户的需求。一些处于领先地位的银行已经做到了这些,更多的银行将会跟上。

第四,金融科技公司已经做好了准备。他们有快速创新的能力,有可以快速迭代的技术人才,不断寻求改善客户的体验。他们有忠实的客户,也拥有数据,可以利用这些数据在业务进行的同时,为客户提供服务。

下面让我们仔细看看这些不同的利益相关者,在嵌入式金融的成长过程中,都会起到哪些作用。

技术:嵌入式金融应用的关键

科技就一直改变着金融产品的交付形式,但今天的变化却快得令人眼花缭乱。如今,技术的发展已经到位,嵌入式金融已经做好了准备,随时为你的公司和客户服务。这些技术都有哪些?

人工智能

人工智能(Artificial Intelligence),也就是AI,是指用软件预测消费者的需求,并对消费者的选择做出智能化的反应。人工智能与模式识别密切相关,他们运行在整个数字世界的幕后,通过识别和阻止不怀好意的行为，保护消费者和他们的数据安全。人工智能和消费者预测并不是新科技。20 世纪 50 年代初，美国新泽西州的贝尔实验室（Bell Labs）就发明了可以预测人类行为的机器，准确率达 65%。这些机器是一个个金属盒子，大小就像现代的微波炉一样，只使用 2 字节的存储空间，相当于 0.0000000018 个 GB 容量。今天，随着计算机能力的提高，预测分析或者人工智能的复杂性已经显著增长，人们收集的数据也是如此。

如果配合适当的数据，人工智能可以对客户的意图做出高度准确的预测。如果使用得当，不仅可以提高商家的利润，同时也能取悦客户。

但并非所有人工智能的应用都能使客户满意。即使软件的预测是准确的，人工智能也有激怒或冒犯客户的风险。一个典型的案例发生在大型零售商场塔吉特。当时，他们使用软件推断购买某几种商品的消费者有可能怀孕，然后根据这种情况提供适当的优惠。想象一下，如果你是一位父亲，有一个十几岁的女儿，然后突然收到纸尿裤和奶瓶的特殊优惠，你会怎么想？显而易见，即使这是一个正确的预测，也可能让那些收到优惠的人或者他们的父母不高兴，因为感觉你越界了，侵犯了他们的隐私。数据的使用是一个棘手的问题，必须受到监管，必须考虑各种社会因素。而现在的问题是，技术发展得太快，超过了社会规范和道德标准。

移动计算和数字化开户

移动计算的发展如此迅速，从开始为人们熟悉到变得无处不在，只用了20年的时间，如今遍及全球的每个角落。移动银行已经有能力连接世界上几乎所有的人，但在世界上的大部分地区，仍然缺乏帮助人们摆脱贫困的金融工具。2022年，全球近80%的成年人拥有智能手机，还有10%的人拥有功能手机。人们相信，到2025年，世界上70%的人将完全使用移动设备进行信息处理及计算。移动设备的普及加上数字化开户功能，意味着客户和商家可以在任何时间、任何地点取得联系。

数字化开户听起来容易，但做起来并不简单。验证客户身份是一项相当困难的工作。必须收集一定数量的数据，但如果收集的数据太多，许多客户就不会完成这个过程，这种行为通常被称为"放弃注册"。方不方便是客户最看重的地方。当注册一项业务时，要填一页又一页的表格，回答一项又一项的问题时，客户就会转向其他地方，因为通常都有其他选择。

随着世界越来越全球化，人们为了寻找新工作或者靠近家人，经常变换住所。当客户在多个国家设有账户时，他们的数字化开户工作就会变得更加复杂。监管机构在这方面发挥了积极作用，为客户在多种情况下安全地展示自己的身份铺平了道路，而人工智能在帮助公司对付欺诈和违法行为方面发挥了重要作用。虽然复杂，但数字化开户对于流畅的客户体验是必不可少的。那些提供数字化服务的公司，如果不提供完整的数字化开户功能，那么它在获取客户方面将面临严峻的挑战。

API

API，也就是我们说的应用程序接口，可以让两个不同的软件彼此通信并交换数据。在某种程度上，API 兑现了互联网的早期承诺，将所有人和所有事物连接起来。它最初由赛富时公司于 2000 年引入到主流技术当中。自 21 世纪 10 年代以来，它一直在背后支持着金融科技可能的崛起。许多金融科技公司通过 API 使用银行提供的服务，并以一种新的方式定义他们对最终客户的价值。从表面上看，客户以为自己只是在与上述的金融科技公司打交道，但在后台，他们十有八九是在通过 API 与传统银行提供的核心功能打交道。通过 API，你的银行账户或者支付凭证可以连接到任何地方，安全地传输数据进行支付或者贷款。正是有了 API，才会有一代人在他们的成长过程中，完全不用亲手触碰现金，完全不用亲自去某个金融机构，甚至在某种程度上——如果他们的日常生活完全依赖隐形支付和嵌入式金融，储蓄完全依赖财富管理的话——他们甚至不用安装什么手机银行的应用程序。利用 API，客户一次点击就能访问多个服务；利用 API，商户只需将一行代码粘贴到自己的网站上，就能开一家网店。

从开发人员的角度看，API 变得越来越复杂；但从用户的角度看，API 变得越来越简单。API 无处不在，它可以通过互联网顺畅地为客户提供服务，满足客户的需求。不仅那些拥有数十亿美元技术预算和数百名开发人员的大型银行可以使用 API，小型银行和信用合作社也可以使用 API 为用户提供服务。

开放式银行服务和"银行即服务"是两个完全基于 API 技术的最重要的发展方向。他们在嵌入式金融的发展过程中，发挥着至关重要的作用。这两个概念有时会混淆，甚至业内人士也会错误地将他们混用，但他们之间有一些关键区别[1]。

开放式银行

客户可以通过开放式银行服务安全地传输他们的数据或者支付凭证，在不登录银行账户的情况下，直接从第三方的应用程序中启动支付。开放式银行服务允许商家围绕银行数据和服务搭建应用程序。这里需要注意的是，这一切都是在客户同意的情况下进行的，这也是开放式银行服务真正的价值之一。

---

[1] 后文并没有明确列出开放式银行和"银行即服务"之间的关键区别。从文章描述看，开放式银行是银行直接面向消费者提供的服务，"银行即服务"是银行对公司提供的服务。——译者注

就它面对的机会而言，开放式银行服务的实施到目前为止还处于起步阶段。卓越开放式银行（Open Banking Excellence，OBE）的创始人海伦·蔡尔德（Helen Child）说："消费者对开放式银行服务的认可和使用将促进创新，在账户聚合和支付功能之外，会出现新的案例，会出现以消费者为中心的产品和服务。在这些产品和服务中，银行将变得隐形。"在2022年的一份市场规模报告中，埃森哲咨询公司（Accenture）预测，未来3年，开放式银行服务的潜在市场规模将达到4180亿美元。

不过，在欧洲，开放式银行服务早就显示出了吸引力。海伦说：

2018年，英国制定了开放式银行服务的"发展蓝图"。截至2022年1月，在刚刚过去的4年里，英国的开放式银行用户就超过了400万，可喜可贺。最主要的案例是英国税务海关总署（Her Majesty's Revenue Collection，HMRC），它处理着26亿英镑的交易。英国市场正在快速发展，现在又推出了新的标准，比如可变经常性支付（Variable Recurring Payments，VRP）。国民西敏寺银行[①]（NatWest Group）是市场上第一个支持这种新游戏规则下的增强支付方式的银行。

---

① 全球最大的银行集团之一。——编者注

如今，开放式银行服务在美国正处于起步前的准备阶段，但在英国和欧洲则要发达得多。它正在改变客户看待、管理和获取资金的方式，正在改变他们制定预算、准备纳税、获取贷款、开户和付款的方式。它正在帮助消费者更好地了解他们现在和未来的整体金融状况，同时对于消费者已在使用的金融科技，它还能进一步增强他们的体验。

开放式银行服务的应用案例数不胜数。最流行的案例可能集中在账户聚合（Account Aggregation）上。所谓账户聚合，就是利用API让人们可以整体浏览他们的账户情况。全球最成功的账户聚合公司是一家名为Plaid的金融科技公司。截至2021年，超过4500家公司使用它的服务，在不直接共享用户登录信息的情况下，将用户与第三方金融应用程序连接起来。你可以使用Plaid申请个人贷款、汽车贷款、支付承包商费用、开设数字银行账户等。另一个账户聚合领域的公司是来自欧洲的叮咚（Tink）公司。Tink公司汇聚了3400多家银行和金融机构，在18个市场上开展业务，有1万名开发人员使用Tink平台。Tink声称已经建立了"欧洲最强大的开放式银行服务平台之一——能提供广泛、深入的金融机构连接以及强大的服务，帮助客户从金融数据中创造价值。"同时，在访问商业和个人金融交易数据的基础上，Tink公司可以让客户拥有即时验证账户所有权，或者实时验证收入情况的能力。

开放式银行服务的下一个应用实例围绕着个人财务管理领域。这个方向在21世纪10年代末非常流行。个人财务管理软件可以让你在一个界面上看到你的整体财务状况，然后根据这些信息，在支出、储蓄和投资上做出明智的选择。你是否想知道自己这个月用信用卡花了多少钱？或者这个季度在外卖上花了多少钱？个人财务管理领域中包含了很多金融科技公司，他们都可以让你的这种愿望变成现实。这一领域最受欢迎的两家公司是薄荷（Mint）公司［它卖给了直觉（Intuit）公司，截至2021年4月拥有超过1500万用户］和个人资本（Personal Capital）公司［在2020年以超过10亿美元的价格卖给了权力（Empower）公司］。这一领域还有很多其他公司，比如每元（Every Dollar）公司以及金钱之舞（Moneydance）公司。毋庸多言，人们都非常希望能跟踪预算和开支、计划未来、设定目标，并且拥有足够的选项，帮助自己实现目标。一些更复杂的个人财务管理产品还包含了跟踪反馈功能，允许用户定期监控自己如何以及在哪里花了钱。如果不再需要某一个跟踪反馈功能，你也可以很方便地取消。有人批评个人财务管理软件，认为最需要理财的人其实用不上这种软件。但随着机器学习和额外数据的输入，不可否认，个人财务管理软件可以有力地帮助那些使用它的人。

正如我们在前面看到的，先买后付以及实时获得信贷的能力，是开放式银行服务的两个最好的例子。在开放式银行服务出现前，面对前来贷款的客户，银行可能需要将很多部分的数据汇总在一起，花费数天或者数周时间做出决定是不是放贷，而到时候客户可能已经对贷款不感兴趣了。而通过开放式银行服务，贷款方可以实时地了解申请贷款的客户的信用记录，并在客户等待的几分钟甚至几秒内做出决定。这个领域内最大的公司是美国的 Affirm 公司（2021年上市）、欧洲的 Klarna 公司（2021年秋季估值为460亿美元）以及无卡潮（GoCardless）、快剪（Splitit）、综合付（Quadpay）等许多其他公司。

开放式银行服务的另一个应用实例是数字化开户。世界上许多最大的新型银行都有在线开户功能，他们从这一增强功能带来的好处中获益。许多传统银行也增加了这项服务。网上开户最重要的一件事就是"实名认证"。基本上，实名认证系统可以提供所有必要的信息来确认客户的身份。这一领域中的很多参与者这些年来都获得了很大关注，其中一些最大的公司包括昂菲德（Onfido）公司（2019年拥有超过1500个客户）、思尔（Socure）公司（2021年11月估值45亿美元）、朱米欧（Jumio）公司、图利欧（Trulioo）公司和许多其他验证各种身份信息的公司，比如阿隆依（Alloy）。

尽管开放式银行服务的应用实例很多，而且不同地方的服务也基本相同，但互操作性才是它在全球范围内取得成功的关键。海伦·蔡尔德做了一个形象的比喻：

目前，每个国家都制定了自己的 API 标准，但他们并不能马上与其他国家的系统相连。这有点像电源插座，每个国家都有自己的标准。我们都知道，当我们去不同的国家旅行时，需要带一个电源适配器，这样我们的电器才能工作。我们需要一套全球通用的标准来提供全球互操作性。

"银行即服务"

"银行即服务"（Banking-as-a-Service，通常简称为 BaaS），是一个端到端的流程，用来确保一项以数字化形式提供的金融服务能够完整地执行。它可以采用多种形式，但通常情况下，人们认为它的模式就是持有牌照的银行将它的银行服务直接集成到非银行公司的业务产品中去。

要了解"银行即服务"的现状以及它如何成为嵌入式金融的主要支柱，需要回到它早期的发展年代。正如我们在本书前面看到的，新型银行大约是 10 年前出现的。它的出现得益于两点，其中之一是金融科技 API 的出现（通过 API，人们可以以一种新的方式——金融科技的方式——和银行连接，获取和分发金融服务）；另一个是"银行即服务"供应商的出现（比如 Bankable 公司和后来的 Wirecard 公司等），他们可以帮助零售商家和中小企业用户在几周内推出基于预付卡的业务。这是一场革命，帮助银行业以一种前所未有的速度创新。

新型银行和金融科技公司是"银行即服务"供应商的第一批客户。不久之后,一些银行为了赶上新业务的发展步伐,或者要在新地区推广业务,或者要接触新的目标客户群——特别是千禧一代或Z世代等更年轻的客户,在"银行即服务"供应商的支持下推出了自己的数字银行业务。

在推出自己的数字银行业务方面,不同的银行采用了不同的方法。在数字金融技术咨询公司11:FS的支持下,国民西敏寺银行推出了名为"志勇"(Mettle)的数字银行。有的银行选择将这类项目外包给类似Fidor这样的公司[Fidor公司现在隶属于索帕(Sopra)银行业软件公司]。(Fidor)公司在欧洲和其他地区发挥了突出作用,它推动了阿布扎比伊斯兰银行(ADIB)基于社区的数字化银行项目。还有许多其他大型公司正在获得人们的关注,包括班克博(Bankable)公司,它支持了荷兰银行(ABN Amro)的数字银行财优(Moneyou)的开发,将往来账户和支付功能添加到他们提供的储蓄功能当中;还有瑞士的金融科技公司BPC,它正在帮助Tinkoff银行在菲律宾开展业务。

虽然"银行即服务"最早在欧洲发展起来,过去几年间也在美国获得了很大的关注,但它在中国的发展方式却与西方不同。研究金融科技和中国问题的专家亚辛·拉贾吉解释说,支付宝和微信等非银行类应用程序的核心是科技。虽然他们依赖银行为客户提供贷款或者进行身份认证——因为没有银行卡就不能使用支付宝或微信的支付功能,因此用户要把他们的银行卡和这些应用程序连接起来——但支付宝和微信由科技公司运营。所以,他们开发的所有东西都自成一体。他们把自己的技术提供给其他电子钱包供应商——特别是在东南亚,他们与许多电子钱包供应商合作,提供自己的白标技术,帮助这些供应商加快支付流程,并提供各种诸如生活服务的增值服务。

由于这个市场的规模数以万亿计,所以我们毫不意外地看到,大量公司涌入这个领域。甚至可以说,"银行即服务"正处于它旅程的开始阶段,这个领域的门槛仍然很低,竞争并不激烈,因为许多供应商专注的都是其他公司不做的特定业务。此外,虽然一些"银行即服务"供应商在尝试推出一站式的解决方案,但越来越多的参与者正在进入这个市场,以解决特定客户群体面临的挑战。我们将在本章后文,详细介绍传统的参与者、银行和非传统的参与者在"银行即服务"领域的应用实例,但首先,我们必须考察嵌入式金融取得真正成功所需的另一根关键支柱:监管机构。

监管机构

监管机构是一个关键因素,它规定了金融服务能以怎样的方式接触客户。随着开放式银行服务相关法规的逐步出台以及对金融科技公司参与全球金融系统的规则逐步放宽,市场参与者受到鼓励,更加积极地创新。2020年,信用卡机构维萨宣布它有意收购金融科技平台Plaid。第三方机构通过Plaid提供的API,可以连接到银行账户。监管机构叫停了这宗收购交易,认为这不符合客户或者公开市场的最佳利益。而万事达卡对金融城(Finicity)公司(Plaid公司的竞争对手,但规模较小)的类似收购却得到批准。截至2022年年初,维萨对Plaid公司的欧洲竞争对手提克(Tink)公司的收购仍然悬而未决。一般来说,对于为消费者提供普惠金融以及多样的选择的举措,监管机构都是支持的。这意味着在全球范围内,嵌入式金融仍然受到监管机构的支持。

没有监管机构和政府的支持,或者至少是善意的不干涉,很少有公司能够蓬勃发展。金融、技术和创业中心(Finance, Technology and Entrepreneurship)的联合创始人阮文安(Tram Anh Nguyen)认为,释放嵌入式金融的潜力必须从教育入手,而监管机构在教育中发挥着至关重要的作用。这家公司的使命就是提供必要的技能和知识,帮助金融从业者提高能力,创造未来的金融世界。它要帮助所有进入嵌入式金融领域的公司，更好地理解在监管下工作意味着什么，无论是他们自己受到监管，还是与受到监管的合作伙伴合作，都是如此。监管的目的是保护消费者和小企业。那些引领产业发展的公司与监管机构合作得越多，就越能快速地成长。

世界各地不乏监管机构支持金融科技公司和其他公司的例子。

欧洲的监管机构

欧洲的监管机构率先放松了监管，开放市场，支持消费者的选择。第一版欧盟支付服务指令（Payment Service Directive 1，PSD1）允许非银行机构执行金融交易，并要求服务费用公开透明。它还帮助定义了单一欧元支付区（Single Euro Payment Area，SEPA），以促进跨境支付。这个指令于2011年发布。2015年，经过修订的第二版支付服务指令（PSD2）允许提供支付服务的公司访问银行的账户信息。

欧盟还采用通行证制度推动创新，它允许在一个欧元区国家注册的公司在整个欧元区开展业务。这降低了在整个地区开展业务的门槛。这一点与美国相比具有优势。在美国，货币服务公司（Money Service Business，MSB）必须在每个州注册。这可能要花费数年的时间、数百万美元，这显然阻碍了创新和消费者的选择。

"银行即服务"供应商菲亚特共和国（Fiat Republic）的创始人兼

首席执行官亚当·比亚利（Adam Bialy）认为，第二版支付服务指令是过去 5 年来最大的进展之一，因为它创建了一个框架，囊括了嵌入式金融的价值链和应用案例。人们现在正在围绕着第三版支付服务指令（PSD3）展开讨论，比亚利认为欧盟会持续推动市场竞争。他还认为，第三版支付服务指令会专注于协议的升级，将为生态系统中的所有参与者提供更快、更便捷的跨境支付框架。

英国在 2020 年脱欧。多年来，英国在促进金融科技创新方面一直处于领先地位，拥有 300 多家银行、45 个房屋互助会、260 家电子货币机构和 77 家外国电子货币机构，是世界上最具活力的金融服务中心之一。英国对金融科技的创新持开放态度，英国议会鼓励并促进竞争，英国金融市场行为监管局（FCA）致力于推动金融科技的发展。如今，70% 的英国公民至少使用一家金融科技公司的服务来满足他们对金融服务的需求。结果就是，在 2019 年，英国金融科技的收入增至 110 亿英镑，几乎是 4 年前的 2 倍，占全球金融科技总收入的近 10%。

金融市场行为监管局的一项主要工作就是创新项目，它的目的是降低金融服务业的进入成本和门槛。人们已经创建了一个监管沙箱（regulatory sandbox）来支持这个项目。在监管沙箱中，新的想法会在金融市场行为监管局的支持下，在进入市场前进行安全测试。

为了更好地支持英国金融科技行业的发展，英国财政大臣要求荣获大英帝国勋章的罗恩·卡利法（Ron Kalifa）爵士对2020年的预算进行独立审查。这份报告的建议包括：

- 改进科技人才的签证规则，确保英国在金融科技领域拥有一支稳定的、合格的劳动力队伍，保证在英国公开上市的股票具有吸引力。

- 在普通的监管沙箱之上，扩建金融科技监管沙箱（Fintech Scalebox），旨在为成长期的金融科技公司提供进一步的监管支持。

- 建立国家级中心，协调并促进当地的金融科技生态系统发展。其中一些国家级中心已经在实施当中，包括金融科技监管沙箱，具体措施就包括在2021年创建监管"托儿所"，其目的是为新获得授权的公司提供增强型监管，帮助他们在发展和成长的过程中，适应在监管下运营的情形。

欧洲的一些监管机构和中央银行已经认识到，为了促进竞争，有必要让金融科技公司绕过现有系统，不通过现有的代理银行，直接执行支付指令。在2014年之前，金融科技公司都需要与代理银行签订合同，才能接入2008年上线的英国快速支付系统（UK Faster Payments）。通过类似的方式，一些欧洲国家，比如立陶宛，允许金融科技公司通过立陶宛中央银行直接接入单一欧元支付区（2008年推出并在2014年全面投入使用）。而在其他一些欧洲国家，最简单的方法是通过商业银行接入支付系统。通过直接接入支付系统，被纳入监管范围的金融科技公司有了更大的灵活性。这种灵活性主要得益于他们不再需要与传统的银行基础设施连接，而只需要连到21世纪10年代开发的现代支付系统就可以了。它带来的结果就是成本大大降低，因为原本作为中间人的银行不再作为中间人，而且金融科技公司也不需要照顾银行这个额外的利益相关者了。

美国的监管机构

美国的监管机构已经向创新者敞开了大门。比如美国货币监理署发放了金融科技公司的特许证，美国联邦存款保险公司和消费者金融保护局都设立了推动创新发展的分支机构。另外，美国还有一些其他举措。持有金融科技公司特许证的公司可以直接接入支付系统，而无须在每个州分别申请执照，而且在资本适足要求和其他旨在降低银行风险的限制上较少。发放这些监管不那么严格的许可证，是为了鼓励金融科技公司向更多的客户提供服务。但这一举措遭到了银行和一些行政官员的反对。在美国，金融服务领域有着复杂的监管网络。尽管出现了令人乐观的迹象，但对于如何应对金融服务领域大量涌入的新型公司，各方尚未达成共识。

虽然花费了数年的时间，但金融科技公司现在正从美联储获得进入支付系统的权力，主要是进入自动清算中心网络和联邦电汇

（Fedwire）等实时系统——这些支付系统推动着美国经济的发展。美国监管机构继续以极大的怀疑态度审视着金融科技公司，但这种情况正在慢慢改变。为了大规模部署低成本的嵌入式金融服务，接入便宜、快速的支付系统是关键一步。

亚洲的监管机构

在中国，监管机构也在主动作为，积极推动金融科技的创新。亚辛·拉贾吉提到了监管方面一些重要的积极举措，他们在支持金融科技创新的同时保护客户的利益：

- **制定反垄断法**。中国的监管机构希望促进竞争，让更多的公司参与进来。
- **数据**。中国的监管机构希望在中国实施对数据的保护，让中国的公司在进入全球扩张时做好准备。
- **人民银行的数字货币**。中国已经开发出了一种央行数字货币，在全国已经有了 1.4 亿用户。

在新加坡，新加坡金融管理局（Monetary Authority of Singapore，MAS）正在寻求办法，接纳新公司，鼓励他们开展新的业务，扩大消费者的选择。新加坡金融管理局甚至为来这个岛国发展的公司提供资金和指导，鼓励世界各地最优秀、最聪明的人才移居新加坡，在这里建立自己的金融科技公司。2018 年，新加坡金融管理局与隶属世界银行集团的国际金融公司(International Finance Corporation, IFC)和东盟银行家协会(ASEAN Bankers Association)合作,推出了APIX平台。他们称这个平台是世界上第一个跨境的、开放架构的全球金融科技市场和沙箱平台,目的是加强金融科技公司和传统金融机构之间的合作,推动整个亚太地区的数字化转型和普惠金融。

2019年,新加坡金融管理局还宣布,将在现有的数字银行的基础上,基于现有的互联网银行业框架,颁发至多2个全业务数字银行牌照(DFB)和3个数字批发银行牌照(DWB),努力开放金融服务业。这些候选企业预计将于2022年开始运营,其中包括捕获–新加坡电信(Grab–Singtel)财团和科技巨头海洋(Sea)公司,他们将得到2个全业务数字银行牌照。

2021年夏天,新加坡金融管理局总经理拉维·梅农(Ravi Menon)公开表示,支持金融服务去中心化,支持他们从传统的核心行业中分离出去。他在2021年6月的一份报告中指出,嵌入式金融为金融服务提供了"更高效、更便宜、更包容的发展前景"。因此,"监管框架必须更模块化、更灵活"。但梅农同时指出,进入这个领域的公司越多,潜在的欺诈威胁就越多。

从银行的角度看"银行即服务"

未来银行业的基础架构是什么样子的?它将建立在我们今天所谓的"银行即服务"的基础之上。尽管这个架构提供的是"一站式"服务,可以带来很多机会,但它还要连接很多后台系统。这导致许多潜在的故障点,使它在规模扩张时相当具有挑战性。

谁来解决这个问题?一种选择是让银行来解决。这个银行不是一般意义上的银行,也许是一些被特别挑选出来的银行,无论在投入的人力、时间,还是资源方面,都出类拔萃。这种方案的实施情况可以参考 21 世纪 10 年代中期,由 R3 公司组织起来的区块链联盟。准备承担这一工作的银行需要优先考虑让自己提供的解决方案更加通用,并逐步发展他们的实名认证系统、信用标准以及总体开户流程,以便吸引感兴趣的科技公司把他们作为首选的合作伙伴。虽然这些银行还没有做到这个程度,但在业内,已经有几家领先的银行开始走这条路了。

美国银行中成功的先行者

作为大型银行的范例,高盛集团受到很多关注。正如贝恩资本风险投资公司的合伙人马特·哈里斯所说:"高盛集团在这方面投入很大。它现在与苹果公司的合作很好,但使苹果公司获得优势的不是通用的解决方案，而是高盛集团专门为苹果公司量身定制的解决方案。"巴克莱银行（Barclays）、渣打银行（Standard Chartered）和西太平洋银行（Westpac）以及全球性的西班牙对外银行和其他几家银行也开始走上了这条道路。

案例研究：高盛集团

高盛集团是世界上最大的投资银行之一。它有几个服务客户的分支机构，比如投资银行部门、全球市场部门、资产管理部门以及消费者和财富管理部门。交易银行业务属于投资银行部门，它在 2020 年创造了约 94 亿美元的净收入，较上年增长 24%。

最近，高盛集团推出了多项全新的业务，包括它的消费者银行"马库斯"和交易银行业务平台 TxB。交易银行业务平台的推出标志着高盛集团进入"银行即服务"领域。

高盛集团全球主管兼交易银行产品暨销售部总经理爱德华多·贝尔加拉（Eduardo Vergara）解释道：

当我们开始考虑这个问题时，我们认真调研了一下市场，发现金融科技已经开始颠覆消费者领域和小企业领域了，而商业领域和交易银行领域才刚刚面临颠覆。他们在发展阶段上的不同，是因为专注于大型企业的创业公司很难获得指数级的增长。你需要一张庞大的资产负债表，需要与大公司建立联系。当我们与客户沟通时，我们听到很多客户对现在的服务不满，抱怨交易银行在对大型企业的服务上缺乏创新。这个领域里的银行都是在 20 世纪八九十年代搭建的技术平台，都是基于 20 世纪八九十年代的技术。我们最大的优势是没有任何遗留下来的基础设施，因为我们从未涉足过这个领域。

高盛集团从零开始搭建交易银行业务平台，它的所有技术栈，比如各种软件工具和数据库等，都完全托管在云端。这个平台采用 API 优先方式，提供实时转账功能，支持多个支付通道。他们在强大的资产负债表以及与大公司的关系上，在服务这类公司的需求上，都占有优势。

贝尔加拉接着说："我们这个平台的另一个独特之处是，所有东西都是以 API 优先的方式搭建的。我们不仅构建了下一代交易银行平台，还利用这些 API 构建了下一代'银行即服务'平台。"

在搭建平台时，TxB 交易银行的业务团队花了几个月的时间，与大约 300 家企业客户的财务主管交谈，了解他们在使用现有系统时的痛点，了解各种解决思路，并定义出他们所需的最简可行产品（Minimum Valuable Product，MVP），这与金融科技公司的做法完全相同。TxB的团队根据从客户那里得到的早期反馈，对最简可行产品进行迭代，然后利用高盛集团的网络，将其推广到更多的大型企业客户当中去。

贝尔加拉还认为，TxB交易银行业务平台之所以成功，是因为它在投资银行部门中是一个独立业务平台。他说："TxB交易银行业务平台更像一家创业公司。我们现在有500人，包括400多名工程师。我们有自己的产品团队、自己的工程团队，他们坐在一起协同工作，努力为客户解决问题。"

在描述TxB交易银行业务平台上的应用案例时，贝尔加拉说：

通常有2种类型的合作。一种是"银行即服务"。我们搭建平台，中小企业可以在上面开展自己的金融服务；或者使用我们的API，在我们的平台上扩展他们提供的金融服务。这可能是那些想要扩展业务，进入支付领域的软件公司；或者是一家已经提供了金融服务并希望扩展业务的金融科技公司。我们的平台就是一组模块构件，我们的合作伙伴可以利用他们为自己的客户提供金融服务。

另一种合作方式是与那些为大公司服务的软件公司合作，把我们的服务嵌入他们的前端软件当中。我们希望成为隐形的支付渠道。如果有些大公司已经在使用某些软件，我们希望他们可以非常容易地使用我们的金融服务，而不必登录到另一个不同的系统中。

当被问及 TxB 业务的吸引力时，贝尔加拉说，公司是在 2020 年 2 月的高盛集团投资者日上宣布推出 TxB 交易银行业务平台的。不到 2 年，交易银行部门就实现了最初制定的五年目标，交易存款达到 500 亿美元。交易银行部门在他们的平台上拥有 300 个客户，而且已经宣布将要与美国运通、Stripe 和费哲（Fiserv）等公司开展合作。该平台已在美国和英国上线，并在不断地扩张当中。

"银行即服务"不是大银行的特权

在大银行中有一些实施"银行即服务"的优秀案例，我们在小银行中也看到了很多有吸引力的举措，特别是像美国的渡河（Cross River）银行和菲律宾大都会银行（Metropolitan Bank）这样的发卡机构识别码（Banking Identification Number，BIN，用来帮助客户发放信用卡等银行卡）担保银行。这两家规模较小的银行不满足只做一个发卡机构识别码担保银行或者监管机构担保银行，他们都在技术上和项目管理上投入了大量资金，扩展自己的能力。但从银行业总体而言，这里的市场机会有多大？哈里斯认为，"只有3%～4%的银行有资金来做这件事"。如果你去看看美国市场，到2020年，美国在联邦存款保险公司承保的有4377家银行。按照哈里斯的猜测，美国市场上大约有130家银行可以拿出资金来做这件事。

位于美国堪萨斯的堪萨斯国民银行（NBKC）走了一条自己的道路。它在2018年推出了"喷泉城金融科技"（Fountain City Fintech）加速器项目，一跃成为金融科技领域的中心。它与创业公司密切合作，帮助他们扩大规模，并且成功地改变了银行对他们商业模式的看法。堪萨斯国民银行现在将它的牌照授权给新型银行，这意味着它允许非银行机构管理由美国联邦存款保险公司承保的存款账户，并可以连接支付通道，开展所有银行可以开展的业务。它还提供发卡服务，并提供自选方式的支票和储蓄账户，以及FBO账户。FBO的意思是"为了你的利益"（For Benefit Of），用来在不声明所有权的情况下，汇集并管理用户的资金。据说，现在属于贝宝公司的P2P移动支付应用程序Venmo，最初使用的就是它的一位创始人的个人银行账户；但随着Venmo的服务越来越普及，这种做法变得不切实际（甚至可能是非法的）。解决的办法就是开立一个FBO账户，用来汇集用户的资金。

美国的发展（Evolve）信托银行是另一个例子，它尝试了一种新的经营方式。它为手机应用程序戴夫（Dave，它的口号是"为人类服务的银行"）提供银行服务。Dave 于 2021 年借由特殊目的收购公司（SPAC）[①] 成功上市，市值达 40 亿美元。Evolve 的资产只有 4 亿美元，这一资产规模在美国的银行业排不到前 1500 名，尽管如此，它却为许多金融科技公司提供银行服务。这家银行最初是阿肯色州帕金镇（Parkin）的第一州立银行，帕金镇是个小镇，人口只有 641 人。2005 年，这家银行更名为 Evolve，并于 2009 年迁至田纳西州的孟菲斯市。这次搬家让它进入了大都市地区，大大提高了它吸引顶级人才的机会。如今，当人们谈到精通技术的银行时，总会提到 Evolve，它是金融科技公司争相寻求的合作伙伴。金融科技和"银行即服务"已经改变了银行，给他们带来了丰厚的回报。根据 Evolve 公司的主页，截至 2022 年 1 月，它过去 3 年的收入增长了 74%。思朗金融（Sila Money）公司就是利用 Evolve 信托银行的服务和银行牌照为客户提供服务的金融科技公司之一。

---

① SPAC（Special Purpose Acquisition Company）即特殊目的收购公司。SPAC 上市融资方式集中了直接上市、海外并购、反向收购、私募等金融产品特征及目的于一体，并优化各个金融产品的特征，完成企业上市融资之目的，是借壳上市的创新融资方式。——译者注

银行即服务：欧洲银行当中成功的先行者

在欧洲，开放式银行服务和客户对金融数据的所有权更强大，所以许多银行主要承担的是"银行即服务"角色。汇丰银行（HSBC）是这个市场最早的参与者之一。它与零售商马莎百货（Mark & Spencer）和约翰路易斯百货（John Lewis）合作提出了"挑战者银行"这个概念。这个概念由零售商提供的白标服务组成，主要包括信用卡、保险和投资服务。

法国兴业银行（Société Générale）在2018年收购了金融科技创业公司崔泽（Treezor），开始涉足这个领域。它为欧洲的独角兽公司[1]，比如全通（Qonto）、丽迪亚（Lydia）和斯维尔（Swile）等提供服务，并从那时起一直是"银行即服务"领域中的积极倡导者。

案例研究：西班牙对外银行

在谈到"银行即服务"时，人们经常提到西班牙对外银行。当被问及西班牙对外银行对"银行即服务"的看法时，西班牙对外银行可持续发展全球主管杰维尔·罗德里格斯·索莱

---

[1] 独角兽公司，投资界术语，一般指成立不超过10年，估值要超过10亿美元，少部分估值超过100亿美元的公司。独角兽公司不仅是优质和市场潜力无限的绩优股，而且商业模式很难被复制。——译者注

尔（Javier Rodriguez Soler）表示，自从进入"银行即服务"领域以来，银行一直在实施两项关键性战略，第一是纯粹提供基础设施，第二则是积极和其他机构合作。

在提供基础设施方面，当西班牙对外银行开始它的"银行即服务"战略时，最初的想法是充当一条管道，让其他公司在它的核心平台上开发产品。它在美国市场上选择了这一策略，并成为美国最强大的平台之一，第三方机构可以在上面开发产品。

在美国以外的其他地区，西班牙对外银行不仅提供基础设施，还和第三方机构合作，帮助它向其客户提供金融服务。它在墨西哥和优步公司成功地建立了伙伴关系。当被问及在嵌入式金融领域合作成功的原因时，索莱尔说，和规模庞大的大型品牌合作，有一个关键点，"这家银行必须是一家合适的、可靠的、知名的银行。这就是我们在墨西哥市场上的情况，我们遥遥领先。在这种合作关系中，你需要一个能够提供全套产品的银行。"

优步公司与西班牙对外银行的合作十分顺畅。在墨西哥，优步公司需要为司机提供广泛的金融服务。不仅是支付功能，而且需要提供更多的产品组合。索莱尔还提到西班牙对外银行在嵌入式金融方面的其他一些非常令人兴奋的合作案例，但这些合作还是保密的。

至于嵌入式金融对收入方面的影响,索莱尔认为影响仍然很小,但就交易量而言,其影响已经不可忽视了。他明确指出,在收入方面,这一数字正在"呈指数级增长。所有参与合作的各方,都在努力建立一个可以赢利的商业模式。对银行而言,尤其如此。"对于那些向客户提供金融服务的公司来说,机会是显而易见的,但索莱尔指出,对银行来说,这仍然是一个未知领域,这种合作关系能带来多大利润还有待确定。

银行和其他机构的重点是要确保自己获得客户的关注。正如索莱尔所说:"人们创造的生态系统,如果可以和客户经常互动,那么这个生态系统在嵌入式金融领域里就会有很大的优势。"西班牙对外银行认为,他们的移动银行应用程序就是这样的系统,为此在过去超过12年的发展历程中,在这款应用程序上投入了大量资金。西班牙对外银行的投资得到了回报,这款应用程序一直被认为是最好的手机银行应用程序之一,在西班牙更是如此,在土耳其等其他国家中,也是榜上有名。除了人们在使用手机银行应用程序时所期望的传统功能外,它还提供了额外的服务,包括帮助客户估值房屋,指导客户如何更好地管理和支配财产,甚至会对客户的财务状况提出可持续发展的建议。西班牙对外银行的这款应用程序是一个很好的例子,你从中可以看到处于金融服务核心位置的"超级应用"可能是什么样子。而且它在一些关键地区实现了这一目标。在西班牙、墨西哥、土耳其、哥伦比亚和秘鲁等国家,西班牙对外银行的手机银行应用程序是客户手机上使用最多的 5 个应用程序之一。

明朗银行(ClearBank)

2017 年,尼克·奥格登(Nick Odgen)推出了 ClearBank,它是英国 250 多年来的第一家清算银行[①]。ClearBank 董事会成员马库斯·特雷彻(Marcus Treacher)表示,成立这家公司是因为"在不久的将来,银行业将被完全拆分,银行业的各个元素将由类似的专业公司接手,这些公司将提供比综合银行更有针对性的解决方案。"因此,ClearBank 的注意力只集中在代表客户的利益清算以及持有票据上。这样,ClearBank 的客户就能为他们自己的客户提供最好的实时支付体验了,而最终客户当然也会受益。

短短几年内,ClearBank 已经成为英国几家最著名公司的首选服务提供商,其中包括全英房屋抵押贷款协会(Nationwide Building

---

① 清算银行是能直接参加票据交换所进行票据清算的银行。票据清算的结算原则是维护收付双方的正当权益,中央银行不予垫款。其优点是便利资金清算,节省大量现金使用。——译者注

Society)、汰渍(Tide)、在线支付平台莱佩德(Rapyd)、希腊金融科技公司维瓦钱包(Viva Wallet)和橡树北岸银行(Oaknorth)等。2019—2020年,ClearBank的收入翻了一番,从530万英镑增至1060万英镑。目前,Clearbank正努力在欧洲扩张,以支持客户的跨境业务。

日升银行(Solarisbank)

德国金融科技公司Solarisbank是另一个有趣的例子。它在"银行即服务"战略上,针对非常不同的目标客户,采取了非常不同的做法。它的战略对欧洲新型银行的崛起产生了巨大影响。它为那些不受监管的金融科技公司提供服务,帮助他们在它的银行牌照下运营。这里面的公司就包括定位在中小企业银行业务上的"潘踏"(Penta),定位在加密银行业务上的"弩利"(Nuri),和定位在可持续发展银行业务上的"明日"(Tomorrow)。

Solarisbank开发了一站式解决方案,从数字银行到银行卡,到支付系统,到客户(商户)实名认证系统以及贷款系统,一站解决。这家公司成立于2015年,是总部位于柏林的金融科技公司金融跃升(Finleap)的一部分。在获得银行牌照后,Solarisbank于2016年正式启动。它已经获得了多轮融资,其中包括来自维萨、西班牙对外银行和荷兰银行等行业内公司的投资。最新一轮是2020年获得的6000万欧元C轮融资。

案例研究：银行环（Banking Circle）

Banking Circle 是另一家在这一领域开拓出一片新天地的欧洲公司。这家公司的前身是丹麦的一家支付公司，名为 Saxo Payments，依靠丹麦的盛宝银行（Saxo Bank）支持，成为一家全球交易服务提供商。它在 2018 年被投资基金殷拓集团（EQT）收购，更名为 Banking Circle，并于 2020 年获得卢森堡的银行牌照。Banking Circle 主要服务于支付企业、受监管的市场和银行，并在多币种支持方面提供了非常完整的服务。

Banking Circle 的反洗钱（AML）业务主管莉维亚·贝尼斯蒂（Livia Benisty）说："我们的解决方案为超过 200 家金融机构的支付系统提供动力，帮助他们扩大业务的覆盖区域，接入他们客户想要进行交易的市场。我们目前的客户包括 Stripe、支付宝、易趣（eBay）、加合（SumUp）、放心付（Paysafe）、PPRO 以及 Shopify。"

当被问及在嵌入式金融领域，哪种类型的合作伙伴最令 Banking Circle 兴奋时，这家公司提到了其姐妹品牌借助（YouLend）。莉维亚说：

YouLend 是 Banking Circle 生态系统中的一部分。它与一些科技公司，比如易趣、Shopify 的合作关系，是嵌入式金融为现实生活带来利益的很好的典范。通过 YouLend 平台，合作伙伴能够以自己的名义向他们的商户（无论有没有风险）提供灵活的贷款服务，来彰显他们的价值定位。这项服务的关键在于，融资决定是基于商家的交易做出的，他们会在赚到钱的时候，按照销售额的一小部分固定比例（通常是 5%～20%）偿还贷款。

随着一些其他原因，创业者和小企业受到的打击最为严重，这正是支付公司和电子商务公司为他们提供服务的好时机（正如 Shopify 公司的图伊·艾伦在本书前面与我们分享的那样）。他们掌握实时数据，比传统金融机构更了解商户的真实情况；客户的还款额可以与收入挂钩；他们提供了一个顺畅且高效的流程，方便商家成为他们的贷款客户，而这一切只是在现有的客户关系处理系统上增加了一个附加选项。莉维亚接着说："通过 YouLend，公司可以为商家提供短期企业资金。可以采用商家预支现金以及短期贷款的形式提供。而且，YouLend 已经知道商家的信息以及收入情况，所以贷款的申请流程很快，这也是传统金融机构碰到的另一个棘手难题。"

"银行即服务"：亚洲及其他地区银行当中成功的先行者

在亚洲及其他地区，一些银行也充分利用了"银行即服务"带来的机会。

总部位于英国的渣打银行，在亚洲有着强大的影响力，它于2020年推出了"汇联"（Nexus）"银行即服务"平台，并宣布正与印度尼西亚的一家大型电子商务平台和一家业内领先的个人护理电子商务平台"社会家"（Sociolla）合作，为客户提供包括储蓄账户、贷款和信用卡在内的金融产品。

该项目的负责人，渣打银行风险投资公司的凯尔文·谭（Kelvin Tan）称，与Sociolla的协议远远不止谅解备忘录那么简单，他说："我们的合作非常紧密。我们希望同合作伙伴一起设计我们的产品。例如，合作伙伴会规定他们的存款利率是多少。合作伙伴将利用我们的资产负债表提供奖励，推动用户的增长。"

在澳大利亚，按照管理资产的规模计算，西太平洋银行是澳大利亚的第二大银行。它在"银行即服务"领域采取了积极的措施。西太平洋银行和总部位于英国的10x银行业务平台，以及亚马逊云服务（AWS）结成合作伙伴，在短短18个月内推出了"银行即服务"平台，这是传统银行在部署新的技术栈时闻所未闻的速度。在谈到10x银行平台时，西太平洋银行企划部总经理麦格雷戈·邓肯

（Macgregor Duncan）说："这个平台帮助西太平洋银行创造了一种新的商业模式，这种商业模式使我们能够开展嵌入式金融服务，满足现有的和新客户不断变化的需求，并使我们的合作伙伴能够创造出与众不同的客户体验。这是极不寻常的事情。"

那么，像 10x 银行平台这样的合作伙伴在其中扮演着怎样的角色呢？10x 银行平台是由巴克莱银行前首席执行官安东尼·詹金斯（Antony Jenkins）于 2016 年创立的，它的使命就是为客户的数字化创意提供扩展性和稳定性的服务。该公司的首席客户官莉达·格利普蒂斯（Leda Glyptis）将公司的"银行即服务"平台部署成功的原因归为 3 个：

- **做出决定**。慎重选择合作伙伴。选择现代的、灵活敏捷的技术合作伙伴，而不是传统的合作伙伴。
- **最简可行产品**。找到正确的最简可行产品。这听起来很简单，但通常情况下，公司，尤其是传统公司，会将其复杂化。在西太平洋银行的例子中，10x 银行平台有了一个关注了很久的应用实例。公司在与"先买后付"领域中的金融科技公司"后付"（Afterpay）合作时，看到了一个非常有吸引力的、客户优先的业务。它从一开始就表现出强大的吸引力和可靠的实施基础。
- **愿景**。对西太平洋银行进入"银行即服务"领域的目的和原因有非常清晰的认识。人们很容易被行业炒作吸引，或者因为竞争对手的做法而随大流。但西太平洋银行的团队参与了这个项目的实施,并对这个平台的基本经济学原理有着深刻的理解,这套平台的经济体系超越了这个组织的所有层面。

银行业的未来

其他银行将何去何从?美国金融服务业最大的一个缺陷就是,它的模式都是以地理位置为基础的,无论是各州的规章制度还是法律均是如此。科技之所以对这个行业产生了如此巨大的影响,原因之一就是商业现在能够以极快的速度扩张至全国甚至全球。正如马特·哈里斯(Matt Harris)所说:"如果你的商业模式仅适用于一个州或者某个邮政编码的范围,那你就完蛋了。有些银行根本没有存在的理由,因为他们在50个州里,只在17个州里有分支机构。这原本是他们的战略,但现在这些已经不重要了。"

我们认为最有可能发生什么呢?银行仍将存在,但数量会减少。他们之所以存在,是因为他们的竞争优势。这些剩下的银行不会再为所有人提供所有业务,而只是专注在一到两个关键业务上,无论是提供业界最好的抵押贷款,还是零售业务,还是贷款业务,甚至是利用地理位置的优势,比如在这个地区的市场份额会帮助你进入零售业或者其他行业。

这并不意味着银行不能提供其核心业务以外的业务，而是说，他们可以，而且应该与金融科技公司和其他在某一领域做得最好的公司合作。这又回到了经典的创新、收购、合作模式。在最基本的层面上，是什么让你的公司与众不同？你在什么方面具有绝对的优势？你在自己的优势方面应该投入加倍的技术和人才，而在其他方面则需要与他人合作，利用他人的优势。

基石顾问公司的首席研究官罗恩·舍夫林表示，银行在嵌入式金融大潮中转向后台，可能是他们不得不吞下的苦果。

我一直告诉他们，这只是你的一个新的分销渠道。是的，你的品牌并没有出现在最显眼的地方，这太糟糕了。但你不要去想它。你到底想做什么？赚更多的钱，还是拥有一个耀眼的品牌？我认为你的股东们只是希望你能提供服务，赚更多的钱就足够了。因此，银行方面必须改变心态。

对于那些不愿意采用"银行即服务"战略的银行来说，嵌入式金融仍然可以给他们带来大量的机会。事实上，我们已经看到了嵌入式金融带来的一大挑战，那就是支付发生时人们无须思考，这不可避免地导致了隐形支付，也不可避免地导致客户较少考虑金钱和他们的财务状况。这为银行创造了一个机会，让他们看到了自己在帮助客户围绕金钱做出人生决定时可以扮演的角色。

克里斯·斯金纳认为,银行的作用实际上是让客户更全面地了解自己的生活方式以及可以做些什么来支持自己的生活方式。克里斯认为,未来的银行会在你人生的重要时刻为你提供支持和建议:

当你只是进行日常交易或者处理日常杂务时,不妨使用隐形支付或者嵌入式支付。但当你要做出重要决定时,比如买房、搬家、被解聘,或者在生活中有其他不寻常的事情发生时,银行就变得重要起来。他们应该在这时出现,应该在这里为你服务。在这种情况下,他们提供的服务需要覆盖你当时所有的需求,并使用开放式银行服务、开放的API及银行服务,连接超过本地网络以外的网络,为你带来最切合实际的体验。

从金融科技公司的角度看"银行即服务"

从嵌入式金融提供的巨大机会中获益的并不只有传统银行。除了银行本身,还有其他类型的机构涉足"银行即服务"领域。其中一类是电子货币机构,他们作为合作伙伴直接与银行连接,充当智能API层,向整个生态系统(金融科技公司、银行和品牌公司)分发银行服务、支付服务和信用卡服务。这一领域的主要参与者包括"轨道"(Railsbank)、"模块"(Modulr)、"马奎塔"(Marqeta)、"天鹅"

（Swan）、Treezor、威尔艾奥（Weavr.io）、"虎扑克"（Hubuc）等公司。

案例研究：Railsbank 公司

Railsbank 公司创立的初衷是为了解决一个更大的挑战：推出一款金融科技产品太难了，公司的目标就是帮助人们更快地推出金融科技产品，跳过建设基础设施所需的 12 个月投资周期，专注于核心产品的开发。在时间上的加速，可以帮助金融科技公司在 2～3 个月内使用最简可行产品与客户签约。在金融科技领域，Railsbank 的一些主要客户包括新型银行、财富管理方面的手机应用程序、财务规划方面的手机应用程序等。该公司的创始人兼首席执行官奈杰尔·弗登（Nigel Verdon）表示，以前的策略已经改变了，公司现在越来越贴近消费者，因为消费者对体验越来越痴迷。因此，Railsbank 现在的客户不仅是那些起步时与之合作的金融科技公司，还包括世界各地的客户群体，比如粉丝群体和其他微观经济体。在谈到嵌入式金融时，奈杰尔说：

我们称嵌入式金融为"嵌入式金融体验"，因为它嵌入现有客户体验的"惊喜时刻"或者客户尝试做某件事时的体验当中。

这是金融服务业的根本性变化。金融服务不再是消费者非要去某个金融供应商那里才能得到的服务，而是他在某一时刻做某件事时得到的服务。

Railsbank在东南亚、欧洲和美国3个主要市场拥有庞大的团队。东南亚是一个有吸引力的市场。当Railsbank第一次进入东南亚时，金融科技还处于萌芽阶段，自那以后，公司就看到了该地区的吸引力。事实上，这家公司在这个地区的主要客户之一——新加坡人寿保险公司（Singapore Life）就是Railsbank深入嵌入式金融领域的一大灵感来源。通过与Railsbank的合作，新加坡人寿保险公司在自己的SingLife账户中使用嵌入式金融技术，向客户提供银行卡，允许客户将存款账户变成保险产品（如果你看财务报表，在保险公司的资产负债表上，人寿保险部分看起来就像存款账户一样）。通过这些SingLife银行卡，保险公司每天都能看到客户的使用情况，获得大量的客户数据。

实践中的"银行即服务"

还有一些公司，比如银行家（Bankable）或斯拉财产（Sila

Money），他们只提供"银行即服务"平台，同时与银行合作["永恒之塔"（Aion）、"日常"（Arkea）这两家互助信贷银行和Bankable公司合作，"进化"（Evolve）信托银行和Sila Money公司合作]，为众多参与者提供全方位的服务。

现在的"银行即服务"，或者是由银行直接提供的，或者是由金融科技公司在银行的基础设施之上提供的。除了这些，还有一个显著的趋势是将"银行即服务"添加到现有的支付系统中，为用户提供端到端的体验。Plaid公司、Stripe公司、"支付"（Checkout）公司以及其他一些公司，都在朝这个目标前进。

Stripe公司

成立：2009年

市值：它的估值高达950亿美元，是世界上最值钱的私营公司之一。

员工：48 000人

早期发展历程

美国Stripe公司成立的初衷，是为了帮助买家和卖家更容易地完成电子交易。它运行在幕后，负责处理支付，检查是否有欺诈行为，并从每笔交易中提成。如果你是一个在网上卖东西的商家，肯定希望客户能够在任何地方、任何时间购买你的商品，但网上购物的挑战之一就是严重的欺诈。而 Stripe 的 API 只需要一行代码就可以调用，因此受到开发人员的欢迎，并通过口碑传播开来。

之后，Stripe 公司又开设了"阿特拉斯"（Atlas）服务，允许世界各地的公司在经商环境友好的特拉华州注册。在美国，Stripe 公司负责亚马逊、优步、谷歌和 Shopify 公司的支付处理，在很大程度上推动了互联网经济。据估计，无论美国的消费者知道与否，他们当中有 80% 的人都通过 Stripe 进行过交易。Stripe 最近推出了它的嵌入式金融产品套装，包括 Stripe 财务解决方案（Stripe Treasury）、Stripe 发卡解决方案（Stripe Issuing）和 Stripe 融资解决方案（Stripe Capital）。

案例研究：Stripe 公司

Stripe 公司之所以成立，是因为其创业团队认识到，互联网公司最昂贵的成本之一，就是实施银行卡支付所需的费用。公司刚开始在网上接受银行卡支付时，需要投入大量的时间和工作，这些固定成本阻碍了公司的发展。Stripe 公司最初的价值定位就是实现便利银行卡支付，而它也以自己简练、优质的 API 而闻名。过去 10 余年，人们谈论更多的已经不是银行卡交易了，而是作为互联网业务和平台的在线资金转移，人们谈论他们的工作流程以及与此相关的新业务。因此，Stripe 公司也开始提供包括发放银行卡、活期银行账户以及商业贷款这类的金融服务。这一切都是由客户需求推动的。Stripe 公司在欧洲、中东暨非洲地区的业务主管马特·亨德森（Matt Henderson）解释道："当我们进入一个新的邻接业务领域时，我们实际上是被用户领进去的。我们认为这个领域有大量的机会，才陆续推出 Stripe 融资解决方案、Stripe 发卡解决方案和 Stripe 财务解决方案，我们要支持嵌入式金融的整个价值链。"

马特·亨德森接着说：

在推出新产品时，我们经常会与试点用户合作。在推出 Stripe 财务解决方案时，就是和 Shopify 公司合作的。和 Shopify 的合作确实推动了 Stripe 财务解决方案的进一步发展以及它和 Stripe 平台上其余产品的交互。采用这种方法，我们开发出了一套可以相互操作的产品组合。不同产品线的价值定位是一样的：

我们希望这些产品非常容易使用，帮助我们的用户节省内部的资源和时间。我们的前3个嵌入式金融产品都是如此。

当被问及推出Stripe嵌入式金融产品套装时，遇到过哪些意外的挑战，马特强调了平衡优先顺序的重要性，"我们的客户对我们提出了很多不同的要求，我们没有时间和资源去做那么多东西。"而且，在这些产品之间建立强大的互操作性也很困难：

他们要能访问同一个Stripe账户，他们要遵守同样的开户流程——比如，只有先使用过一个产品，才有资格申请另一个产品。他们要能访问相同的交易数据——比如支付数据，这样就能了解用户的信用风险，才能在发放贷款时予以考虑。因此，所有这些事情都必须紧密地关联在一起，这就让产品的开发变得异常复杂。

马特·亨德森认为，就像Stripe公司与金融生态系统中的维萨、万事达卡、美国运通等银行卡网络的合作，或者与其他支付方式的提供商，比如和Klarna的合作一样，当涉及嵌入式金融产品时，也会发生同样的事情：

在金融生态系统中，这些部分起到了特定的作用，他们完成得很好。但这些参与者通常挣扎在面向开发者的分发模式上，这就意味着像 Stripe 这样的中间层大有用武之地。它可以提供软件模块，让那些专注于垂直领域的平台能够专心开发自己的终端产品。这种模式就是 Stripe 公司在支付中使用的模式。在金融服务产品中，它很可能还会使用相同的模式。

Stripe 公司未来的嵌入式金融产品会是什么样子的？马特·亨德森说道：

总体而言，值得注意的是，虽然没有正式公告，也不是马上就要发布，但我们可以预期，既然 Stripe 发卡解决方案已经在欧洲推出，我们肯定要扩展它。我们会看到在某个时候，我们会在欧洲推出 Stripe 财务解决方案和 Stripe 融资解决方案，并最终推广到世界上的其他地区。这就是 Stripe 公司做事的方法：先推出一个解决单一问题的产品，然后再扩展它。具体到 Stripe 发卡解决方案，已经有很多用户向我们反映，要求我们开发向消费者发放支付卡的功能。在 Stripe 融资解决方案上,我们看得出,贷款的案例在未来会越来越多。在国际扩张方面,在欧洲、中东暨非洲地区,Stripe 在 115 个国家中目前只进入了 35 个左右,所以我们的支付产品还有很大的发展空间,更不用说一些嵌入式金融产品的发展前景了。

美国市场是一个价值 40000 亿美元的信贷市场,主要由 4 家公司瓜分——美银美林集团(Bank of America Merrill Lynch)、摩根大通、第一资本和富国银行集团(Wells Fargo)。众所周知,尽管这些银行在技术上不断投入大量金钱,但他们的技术栈仍然是过时的。此外,在这些银行中,有些在每年发放的银行卡数量上有限制,而且他们更愿意去迎合大公司的需求(拥有 100 万以上客户群的公司)。

历史上,Plaid 公司和 Stripe 公司起初只专注在支付领域的一个方面,但他们发展壮大,现在可以为客户提供全面的支付解决方案。从它带来的机会规模上,你也可以看出这种趋势的重要性。我们在前面看到过,Plaid 公司最初提供的是账户聚合服务,但后来发展到提供支付启动(payment initiation)服务,并于最近在英国推出了格子支出(Plaid Payout)这款产品。

Checkout 公司

成立：2012 年

估值：Checkout 公司筹集了超过 10 亿美元，它的估值达到 400 亿美元。截至 2022 年 1 月，它是欧洲最值钱的私营金融科技公司。

员工：1100 人

早期发展历程

Checkout 是一个基于 API 的支付处理器，换言之，就是刷卡服务提供商。它可以处理数百种支付类型和支付货币。与 Stripe 不同的是，Checkout 公司是为欧洲市场及其跨境支付和多种货币环境而建的。从一开始，Checkout 公司就专注于企业客户。除了支付处理器之外，这家公司最近还推出了支付及市场解决方案。

案例研究：马克塔（Marqeta）公司

金融科技公司 Marqeta 在"银行即服务"领域中发挥着积极作用，于 2021 年年中上市。这家公司并不认为自己是"银行即服务"提供商，而是"银行即服务"世界中的一部分。

Marqeta 公司专注于采用现代技术发放支付卡并处理支付流程，它的这一业务领域比较独特。Marqeta 助力自动清算中心和其他部门，帮助公司建立支付过程，但它的核心业务还是发放支付卡。

维萨和万事达卡几乎将全球每一个商家（无论是线上还是线下）都联系在了一起，使得银行卡成为全球商业中重要的"最后一千米"解决方案。Marqeta 公司的首席执行官贾森·加德纳表示，全球大约有 70 个重要的银行卡发卡机构和支付处理系统。Marqeta 的业务开始于美国，那里是世界上最大的银行卡市场；后来，它的业务扩展到加拿大，最终进入欧洲。进入新地区并非易事，特别在高度复杂的金融服务领域更是如此。

Marqeta 公司向新地区的扩张正在取得成效。在欧洲，截至 2021 年第三季度末，Marqeta 公司在过去的 12 个月里，客户规模翻了一番，交易额同比增长超过 340%。Marqeta 公司相信，欧洲的机会是巨大的。在法国等国家，Marqeta 与金融科技独角兽公司 Lydia 开展合作。Lydia 公司提供数字银行服务，它的核心业务均围绕着银行卡展开。对于使用 Marqeta 平台横跨多个市场的客户来说，能够集中管理，并在各地发卡的能力是一个关键优势。

对于加德纳而言，让他的客户不管为哪家公司服务，不管在世界上的哪个地方，都能拥有同样的体验是很重要的。这些客户，无论他们是在欧洲、澳大利亚，还是在美国，不管他们在世界上的什么地方使用 Marqeta 的服务，他们与 Marqeta 的关系都是一样的。

加德纳说："集中管理并可以在任何地方发卡，这个能力是一个不可忽视的强大概念。我们要么支持客户的核心业务，我们要么就自己作为客户的核心业务。对我们来讲，这是很大的责任。"

嵌入式金融真正的影响

不管是传统的金融机构，还是非传统的金融机构，众多的例子都表明，嵌入式金融已经来了。短短几年里，我们已经看到了它的巨大进步。有明显的证据表明，嵌入式金融将在未来迅速成长。

今天处在幼儿期的应用将会成熟并扩展，而今天做梦也想不到的新应用，将会出现并获得关注。每一项新技术问世，都有机会改善人们的生活，都有机会对社会产生根本性的影响。随着金融科技的诞生，人们对它的普惠式金融以及为那些没有银行存款或者得不到银行服务的人提供服务，寄予了厚望。金融服务总是青睐富人，也许这是不可避免的。但随着嵌入式金融将它的服务覆盖到地球上的几乎每一个成年人，它有可能为人们提供前所未有的机会，成为一股缓解贫困的变革力量。嵌入式金融有哪些机会真正改变人们的生活呢？未来的人才是什么样的？你应该如何准备好你的团队？让我们一起探讨这些问题吧。

总结

"嵌入式金融"一词掩盖了大量的复杂性。许多技术——包括人工智能、开放式银行服务和移动计算——必须达到一定的成熟程度后，嵌入式金融应用才能实现。嵌入式金融价值链上的各方必须协同工作，而消费者必须愿意在这种环境下使用金融服务。这是一个漫长的过程，但到目前为止，技术、监管和客户期望都已经到位。

- 嵌入式金融的发展和繁荣依赖于各种社会和经济因素以及特定的科技。
- 嵌入式金融需要多个实体协同工作，并获得监管机构的批准。

- 这些实体现在已经发展到了他们的顶点，有利于嵌入式金融的发展。
- 其中最重要的模块是"银行即服务"，它允许银行通过新的分销渠道部署特定的银行服务。

第六章 嵌入式金融与可持续发展

看到这里，我们应该已经很清楚，嵌入式金融在商业上有很大的发展前景。虽然它还处于起步阶段，但现在的数据已经说明了嵌入式金融对线上和线下商家的收入产生的影响。不过，除了在董事会的会议室上、在资产负债表上看上去很有价值之外，它还有什么其他意义吗？它对整个世界和社会有什么更大的影响吗？

在本章中，我们将深入探讨人的因素，帮助领导者思考他们的团队、未来的人才需求前景以及更深入地思考他们对世界的影响。具体来说，我们将探讨嵌入式金融如何在支持可持续发展等关键措施的同时，在消费者以及更广泛的社会当中，促进普惠金融发展。

数据：推动善的力量

2008—2009年金融科技从金融危机中崛起时，曾"许下"一个承诺，就是它将帮助人们获得金融服务，让人们沉浸在金融服务当中。通过改善人们的财务健康状况、减少摩擦、加快获取资金的速度、降低交易成本、提供更多的方式帮助人们制定预算和储蓄，金融科技承诺让客户的生活更加美好。

让更多的人享受到普惠金融，在实践中究竟意味着什么？所谓普惠金融，就意味着个人和公司能够获得负担得起金融服务，改善自己的财务生活。通过大幅度改变并扩大客户接触金融服务的地点和方式，嵌入式金融将为普惠金融带来史无前例的显著增长。正如古比（Guppy）公司创始人、金钱20/20（Money 20/20）金融科技峰会组织的主编桑吉布·卡利塔（Sanjib Kalita）所说：

这是从效率到韧性的转变。我们在世界各地都能看到，消费者距离财务崩溃只有一张工资单的距离。我们帮助消费者变得越来越高效，但他们非常缺乏韧性。随着越来越多的新业务出现，我可以看到我们的消费者在金融供应链上的变化，我会更多地从韧性的角度，而不是效率的角度看待它。

向数字货币的转变在世界各地都在发生，包括中国。中国人民银行发行的数字货币已经拥有1.4亿用户，它对普惠金融的支持已经显现。这一系统和货币是由中国政府提供的，因此它在零售商中得到广泛应用，对那些不使用支付宝、微信甚至现金的人是很大的支持。在使用方面，它将采用中国人现在习惯的扫码支付的方式。

数字金融服务领域的写手和评论员戴夫·伯奇指出，业界才刚刚开始了解嵌入式金融的运作方式，它的应用范围要比许多人意识到的广泛得多。"人们不应该认为嵌入式金融只是用于支付领域的，"伯奇说，"它的应用范围要广得多。很多都是关于数据的，以及在正确的时间提供正确的数据来支持决策。"

嵌入式金融能够为个人财务提供更大的可视性和洞察力，有助于改善一个人的财务状况。伯奇说：

人们开始谈论从开放式银行服务到开放式金融服务的过渡。你可以看到出现了所谓的财务健康方面的案例，我认为这很合理。这指的是全面了解消费者，了解他们的财务状况，从而提升他们的财务健康水平。我认为这对下一代的金融服务来说非常有帮助。嵌入式金融是一个庞大的领域，一切都会越做越好。它不仅是用来解决支付问题的，它的意义远不止于此。

事实上，比起金融科技的单打独斗，嵌入式金融更有机会为世界带来更广泛的财务健康和普惠式金融，因为它已经改变了金融服务的交付系统。对于全球那些得不到银行服务的人而言，当你深入到细节时，他们的问题可能相当复杂，但站在最高层面上看，这些问题可以简化为一条，就是关于获得金融服务的渠道的问题。对于大大小小的公司而言，他们已经和这些客户接触过了，因此，他们有更好的渠道提供金融服务，满足过去得不到银行服务的群体的特殊需求。

在谈到嵌入式金融如何影响普惠金融时，Railsbank 公司的创始人兼首席执行官奈杰尔·弗登认为，影响将是巨大的。他说："一旦你将产品分解成数字化产品，你就获得了分销机制，人们在需要的时候就可以找到你的产品或者微产品。这一现象带来的副产品就是普惠金融。"

获得信贷

经济增长问题是一个相当复杂的问题，每个地方都不一样。但在全球范围内，获得信贷是发展中的经济体最重要的一个问题，也是在社会中培育健康中产阶级的一条最佳途径，而中产阶级是经济增长的引擎。对于发展中的经济体来讲，其中一个难题是，他们通常缺乏信用报告等基础设施，无法在发放贷款时做出正确的决定并制定合理的利率。除了缺乏基础设施以外，他们还面临另一个主要挑战：个人和小企业都没有或者只有很少的信用档案。

信贷领域是嵌入式金融能够产生影响的大型领域之一。我们已经在世界各地的市场上看到了这一点，许多地区都迫切需要从没有银行服务的情况向有银行服务的情况转变。但金融服务发展程度更高的市场，比如美国市场，仍然有大量的增长机会。根据美国联邦存款保险公司的研究，2019年，美国大约有700万人"没有银行账户"，这意味着家里没有人在银行或者信用社有支票账户或储蓄账户。同年，他们还发现大约有 5500 万人没有获得足够的银行服务，这意味着这些人虽然有银行账户，但他们使用的是替代性的金融服务。

这不是一个小数字——在美国，每 5 个成年人中就有 1 个没有获得足够的银行服务。这部分人正在使用传统银行和信用合作社以外的替代性金融服务。这些服务包括汇票、支票兑现服务，或者各种来源的贷款，比如典当行、汽车产权贷款或发薪日贷款[①]，所有这些都可能收取过高的费用。播客节目"为了金融科技的缘故"（For Fintech's Sake）的主持人、Money 20/20 金融科技峰会组织的内容总监扎克·佩特（Zach Pettet）说："嵌入式金融的工作其实是为我们提供数据，提高我们评定信用等级和发放贷款的能力。我们已经在其他市场上看到了这种情况，所以我希望美国市场也是如此。"

在过去 20 余年里，我们经常听到不同行业的领导者把他们的企业称为数据企业。银行业也不例外，从花旗银行这样的大型银行到社区银行，都走上了这条路。上面提到的信贷方面的挑战，在很多时候都是要通过数据来解决的，正因为如此，嵌入式金融的价值定位才显得非常有意义。它不仅可以帮助那些掌握了正确信息的公司更好地向

---

① 发薪日贷款指的是一至两周的短期贷款，借款人承诺在自己发薪水后即偿还贷款。如果到期无法还清贷款本金和利息，可以提出延期。这种贷款不计手续费和滞纳金等，申请者只需提供定期收入证明，甚至政府救济证明也行。——译者注

客户提供产品和服务，赚取更多的利润，而且可以帮助以前得不到银行服务的最终消费者或者小企业得到银行服务。

高盛集团全球主管兼交易银行产品暨销售部总经理爱德华多·贝尔加拉认为，嵌入式金融采用金融科技以及技术平台，向消费者和中小企业提供并普及金融服务，使金融服务变得更容易获得；这些服务的商品化挤压了其利润空间，最终有利于消费者，并扩大了普惠金融的覆盖范围。贝尔加拉还提到，开展嵌入式金融业务的公司可以利用额外的数据，为更多的公司提供信贷，而这些信贷是他们通过传统的银行服务无法获得的。这些举措有利于公司本身，因为公司可以通过借贷来支持自身增长，最终也有利于就业和社会整体经济发展。

对小企业的影响

这种数据优先的战略不仅适用于金融科技创业公司，也适用于Shopify等大品牌的公司。通过有效地利用数据，Shopify能够简化资质审核流程，更快地为商家提供资金，同时它还提供了更多创新性的还款选择。因此，截至2021年10月，这些商家已经通过Shopify旗下的融资部门提供了27亿美元的融资贷款。正如Shopify的产品总监图伊·艾伦早些时候与我们分享的那样，这种基于数据的业务是一种"三赢"模式，Shopify、Shopify的商家以及最终客户，人人都是赢家。

Stripe 公司在欧洲、中东暨非洲地区的业务主管马特·亨德森解释道，公司在嵌入式金融领域的贷款产品"Stripe 融资解决方案"是一款具有重大社会影响力的产品。2021 年，美国小企业获得的贷款总额比 2008 年减少了 40%，部分原因是传统银行无法有效地为特殊用户和小企业服务。

亨德森说：

如果你是一名水管工，很擅长自己的工作。你在网上通过某种应用程序得到了很多订单，获得了极高的评价。然后你想扩张一下自己的小生意，聘请一两个人一起干。如果这时，你去一家传统银行贷款，银行做决定时能够参考的就只有你的交易记录。这是他们的政策，对于所有要自己开公司的人都一样。如果银行采用的标准是面对整个小企业生态系统的标准，而不是针对你的特定标准，那么银行很难做出决定贷款给你。而如果你作为一名水管工，向诸如家政优（Housecall Pro）这样的家庭服务技工接单平台申请贷款就不一样了。Housecall Pro 是使用 Stripe 服务的技工接单平台，技工获得的评价就在这个平台上，平台相信这些评价。他们可以从自己的数据中看到你的评分如何，是否有能力在未来获得成功。然后，他们可以用一种特别的洞察力观察潜在的客户，以一种可扩展的、自动化的方式为管道工做出贷款决定，使他能够额外再聘请一个人。在 Stripe 融资解决方案已经提供的数万笔小企业贷款中，获得贷款的小企业比没有获得贷款的小企业的收入增长平均高了 114%。这是一个惊人的对比，这些服务对小企业和人们的生计真的产生了很大的影响。

亨德森认为，我们还有很长的路要走。他说：

大多数企业，甚至是在线企业，也只是面向 20～30 个国家的客户，有些甚至更少。当你意识到这让你错失了多少机会时，你会大吃一惊。在 Stripe 这样的平台上开展业务，最让你感到激动的事情就是无论大企业还是小企业，使用我们基础设施的方式都是一样的。这降低了小企业的进入门槛。

他接着说：

"支付栈"（Paystack）是我们在非洲的一家子公司。这家公司以前根本没办法向城市另一边的客户销售产品，更不用说向其他国家的客户销售产品了。你创建的平台功能越强大，越能让每个用户以近乎即时和直接的方式访问整个平台，你就越能创造出大量的经济机会。尽管从支付的角度理解它过于简单，但嵌入式金融实际的能力就是如此。想象一下美国的小企业贷款是如何下降的以及它如何为嵌入式金融创造机会。想象一下在尼日利亚、印度尼西亚或者世界上的许多其他地方，那里的小企业要融资只能去找隔壁的信托商店，或是当地的银行——而这些银行会把每一个不是大型企业的企业拒之门外。

亨德森相信，嵌入式金融可以创造很多机会。我们如今在世界上的一些国家中开始看到了这样的机会，无论是国内的机会还是跨国的机会。"我认为，你会看到嵌入式金融为世界各地的人们创造出巨大的经济机会。这就是我们的工作产生的巨大影响。"

发展中国家的普惠金融

发展中国家的近代史就是被北美国家和欧洲剥削的历史，他们在物质、文化和金融上遭到剥削，许多地区从未发展出复杂的或者全面的银行体系。这意味着在20世纪的大部分时间里，这些国家向他们的公民提供的信贷数量都很少，或者根本没有。这阻碍了中产阶级的成长和企业的健康发展。

这也意味着在21世纪，手机为这些国家带来的变革更大，也更深刻。特别是在印度尼西亚等主要由岛屿组成的国家中，移动蜂窝网络的接入尤其具有挑战性。手机正在成为人们做事的主要工具。突然间，有人为你提供了一整套可用的服务，而且就在每个成年人触手可及的地方。在世界上的这些地区，金融科技与面向大多数人的正规银行同时出现。从银行网点、纸质支票，到20世纪银行业的大多数标准业务，都逐一被跨越，移动支付和移动银行成为人们最常用的。

手机已经创造出很多机会，比如允许没有银行账户的人汇款，或者更复杂的例子，比如使用设备本身就可以作为一种就业手段。几年来，出现了各种各样的专注于这件事的创业公司。其中一个例子是印度尼西亚的一家创业公司，它聘请失业妇女用自己的预付费手机出售和兑换各种票据，该业务在印度尼西亚有很大的市场，她们从中可以赚取利润。她们每天可以赚5美元，这种持续进账的工作可以帮助她们的家庭摆脱贫困，而且事实证明，它降低了家暴发生的可能性，因为妇女对家庭财务做出了积极的贡献，所以在家庭中更有发言权。类似的例子有很多。对未来的展望令人鼓舞，而嵌入式金融有机会成为其中重要的支柱，它带来的创造力和创新的爆发还没有完全呈现。

还有更多的好消息。由比尔和梅琳达·盖茨基金会（Bill and Melinda Gates Foundation）资助的全球金融包容性指数数据库（Global Findex database）显示，作为抗击贫困最有效的工具之一的普惠金融，正在全球范围内崛起。自2011年以来，有超过12亿成年人在某个金融服务机构开立了账户，生活在极端贫困中的成年人的比例从 1988 年的 33% 以上，下降至 10% 以下。当我们考虑到世界人口从 1988 年的 50 亿上升到当时的近 80 亿时，这个数字就更令人吃惊了，而且增加的人口大部分是发展中国家的。

虽然我们的方向是正确的，但重大挑战仍然存在，包括强盗般的腐败政府、无效的（或过于强势的）监管机构以及其他各种问题。但在这种环境中诞生的公司和提出的方案将不同于发达国家所能想象出的方案。

这样的事情已经在一些关键地区发生了，比如来自智利的金融科技创业公司"德斯塔汇"（Destacame）。在 Destacame 的领英主页上，它称自己为"免费在线金融管理平台，旨在改善拉丁美洲的普惠式金融和金融健康"。这家公司从简单的地方入手，研究如何利用银行或者贷款机构目前没有利用、但已经存在的消费者数据。它利用的第一批数据是水电费，因为智利的每个家庭都要交水电费。从这里开始起步，Destacame 扩展到其他的数据和其他账单。它现在提供了一整套产品，把控制权交给消费者，让他们自己管理自己的财务生活。这些产品包括逾期债务的偿还、消费贷款、信用卡、储蓄和其他金融健康工具。这种以数据为导向，改善消费者生活的办法正在发挥作用。根据它的领英页面信息，截至 2021 年第四季度，Destacame 服务了"超过 220 万用户，并与超过 40 家金融机构合作"，特别针对智利、墨西哥和其他地区的没有获得银行服务的人群。公平地说，这种方法是有效的。

我们再以越南为例。一个农民对他的家庭很可能制定不出一套完整的人寿保险策略。在东南亚，承保此类保单所需的典型数据非常少，结果就是，保险公司在选择承保对象上非常谨慎。然而，同样是这个农民，通过应用嵌入式金融，可以从他生活中的某些地方，比如从他经常买种子的合作社购买小额人寿保险。购买种子本身可能就嵌入了一些人寿保险。我们前面说过，保险公司的资产负债表看起来就像存款账户一样。同样，农民可以买进或者卖出他的保险单。Railsbank公司的首席执行官奈杰尔·弗登（Nigel Verdon）说："嵌入式金融正在普及金融服务，因为从本质上讲，它可以将金融产品解构为各种核心组件，在微经济层面分发。金融服务可以缩小规模，达到普惠的目的。"这里的可能性是无穷无尽的。

在全球范围内，嵌入式金融最具代表性的一个案例发生在非洲。M-培萨（M-Pesa）是肯尼亚电信运营商"检索站"（Safaricom）于2005年推出的价值交换系统。用户可以用这个系统在手机之间进行转账，并通过代理系统（即实体店）提取现金。如今，M-Pesa不仅支持点对点转账和消费者对公司的支付，还支持信用卡和储蓄选项，并在非洲和其他地区的多个国家运营。它是一个完整的金融系统，所有业务都在手机上完成。M-Pesa同样适用于价格低廉、用户众多的功能手机（见图6-1）。

肯尼亚的银行业 2005—2015 年存款账户的增长情况

年	微账户（<10万肯尼亚先令）	其他账户（≥10万肯尼亚先令）
2005	2.14	0.41
2006	2.88	0.45
2007	4.12	0.60
2008	5.80	0.63
2009	8.00	0.66
2010	12.03	0.78
2011	14.76	0.89
2012	16.65	0.97
2013	22.66	1.09
2014	29.55	1.14
2015	33.96	1.23

（存款账户数量/100万）

图6-1　在10年里，M-Pesa帮助人们开立了超过3000万个存款账户

来源：努古纳·恩东古（Njuguna Ndung'u），布拉瓦特尼克政府学院（Blavatnik School of Government），2017年。

M-Pesa服务刚推出时，就刻意将普惠金融纳入考虑范畴，这项服务需要得到银行部门和政府的合作才能运营。但它的想法能够实现的原因，是因为移动电话运营商的服务已经触及了差不多所有的客户，手机的渗透率是很高的。银行甚至政府都没有什么机会接触到如此广泛的客户群。全世界都知道M-Pesa的成功。现在，从拉丁美洲到非洲再到东南亚，出现了许多类似的案例。利用手机并不是在发展中国家实施嵌入式金融的唯一手段，但在当今世界，这种手段无疑是最重要的之一，因为手机几乎无处不在。

金融科技在南半球发展中国家的应用规模以及对这些国家产生的影响，在享受不到银行服务的西方客户中也能感受到。

为享受不到银行服务的人提供金融产品

根据美联储 2019 年的一项调查，近 40% 的美国人负担不起 400 美元的意外开支，这意味着这种意外开支会影响世界上的大部分人口（见图 6-2）。让我们详细探讨一下这种情况，尤其是从未来零工经济从业者的角度来审视这一现象。

不妨设想一下你的车因为引擎故障抛锚的情景。全世界有许多人没有足够的储蓄来支付拖车和换轮胎的费用，他们被迫采取发薪日贷款等措施来支付所需的基本服务。正如播客节目"为了金融科技的缘故"的主持人、Money 20/20 金融科技峰会组织的内容总监扎克·佩特所说，这其中有社会经济因素的影响：

我以前住在城里一片很糟糕的区域，开的车也很烂。如果你没有看到我生活的其他方面，单从社会经济的角度看我的话，你会认为无论从哪方面来说，我的信用风险都很大。但如果到第二年你再来看我，会发现我的情况发生了巨大的变化，我不再住原来那个地区了。

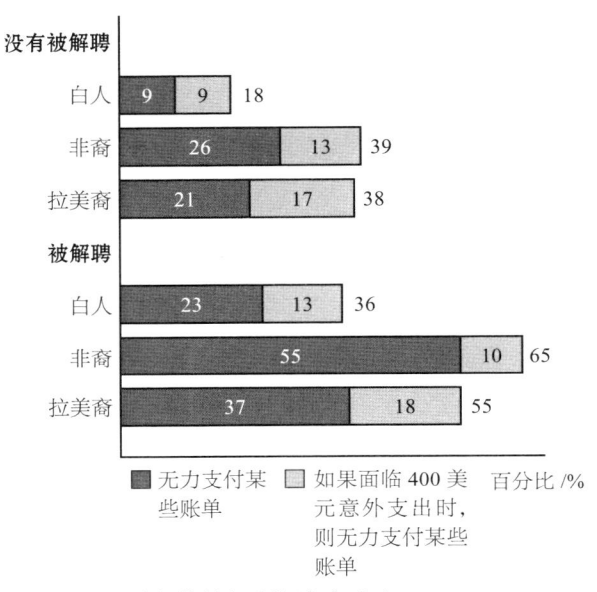

图6-2 无法全额支付当月账单的人口比例
（按照前12个月之内被解聘情况以及种族划分）

没有被解聘
- 白人：9 | 9 | 18
- 非裔：26 | 13 | 39
- 拉美裔：21 | 17 | 38

被解聘
- 白人：23 | 13 | 36
- 非裔：55 | 10 | 65
- 拉美裔：37 | 18 | 55

图例：■ 无力支付某些账单　□ 如果面临400美元意外支出时，则无力支付某些账单　百分比/%

可访问的版本 | 返回文本页面

注意：以上数据为在所有成年人中的比例。比例标志从左至右。

来源：2021年美联储调查报告。

不管住在哪里、开什么车，我的驾驶习惯并没有变，但我却能因此省下几百美元的汽车保险。这就是最让人抓狂的事情了：就因为我住在某个特定的地区，就必须把租房省下来的钱付在汽车保险上。

正因为这个缘故，像"根基"（Root）这样的公司在改善客户生活方面才会有如此惊人的潜力。Root公司最基本的业务是汽车保险，但这是它的一块敲门砖，公司要借此提供更多的金融服务。根据它在领英上的档案，Root 公司使用"数据和科技为汽车保险带来公平和便利"。从本质上讲，这是一个以驾驶员的行为为基础的大型数据游戏。想象一下，你的汽车保费是根据每天的实际驾驶情况制定的。这款应用程序会跟踪你的驾驶方式，监控你的转弯方式、刹车速度等，然后会根据你的驾驶情况为你提供更优惠的费率。汽车保险是它接触客户的引子。

公平地说，像 Root 这样的公司，最初的目标客户是那些资金紧张的人，这就是为什么这些人会来找 Root 公司，因为他们希望在汽车保险上省几个钱。而这些人很可能就是上面提到的那些如果在上班路上遇到汽车故障，就需要申请发薪日贷款来支付修理费的人。而这些客户因为已经与 Root 公司有过联系，Root 公司掌握了这些客户的数据，所以当他们遇到问题或者汽车引擎报警灯亮起时，Root 公司通过嵌入式金融为他们提供贷款就成了很自然的事。因为 Root 公司拥有数据，而且从客户的实名认证到合规检查等所有的幕后工作都已经完成，所以它最适合向驾驶员提供这些服务。佩特说："我不认为人们真的认为像 Root 这样的公司有什么特别吸引人的地方。但如果展望未来 10 年，我们会说'哦，这就是数据对世界的意义'。这就是及时为客户提供保险的好处对世界的意义。"

零工经济

我们已经说过 Grab 和优步等拼车公司是如何通过手机应用程序为司机提供金融服务的。这些所谓"零工经济"下的打工人，在财务上往往很脆弱，缺乏应对紧急情况的储蓄，而且需要专门针对他们的服务，因为他们获得报酬的方式是非传统的方式。

"零工经济"一词已经广为流传，但它有被误解的风险。"零工"指的是按合约工作，即按单个任务支付报酬，而不是按小时或者薪水单支付报酬。但不要把这个词理解为只是在从事一份兼职工作，比如为优步开车。数百万美国人和世界各地的很多人，他们的主要收入来源都是零工经济中的非传统工作。把这种独立的、没有固定薪水的工作看成是临时的、非正式的，或是偶尔为之的副业，这种看法是不正确的，也是有害的；更不能把这种工作看成是刚进入劳动力市场的人才从事的最低工资的工作。

"创造者经济"进一步加速了零工经济的发展，人们支付报酬，购买特定的服务或者独特的能力。尽管有一些人赚了大钱，但大部分人都是等着别人购买他们的服务或者能力。有没有人买，决定了他们是能饱餐一顿还是要忍饥挨饿。零工经济的从业者挣钱不规律，而且往往难以预测。他们通常不购买传统的医疗保险，而且依赖支票兑现等非传统的金融服务。这样的从业者有很多类型，司机、打零工的工人、从事多种行当的工人以及随季节四处流动的工人。他们没有时间去银行，而银行不愿意为他们提供服务，因为他们的收入情况无法预测。

嵌入式金融通过"随赚随取"（Earned Wage Access，EWA）这个概念，正好可以协助下一代的打工者。这个概念很简单：通过"随赚随取"服务，人们可以在当天干完活、完成一个项目，或者有人购买了他们的服务之后，马上拿到钱。这是社会的一个基本且根本性的转变，它会产生长期的影响。

比方说，你要在每个月28号前缴纳水电费，在30号前还汽车贷款，而你的工资是两个月一付，而且通常是在付款月的最后一天支付。如果你过着等米下锅的日子，而且上面提到的那两笔账单在你收到工资的几天前就必须缴纳，那么你就不太可能按时支付这些账单了。因此会产生滞纳金，这些滞纳金会像滚雪球一样越滚越大。

现在想象一下，如果你在赚到钱的当天就拿到了这笔钱，这样你就有能力按时付款，而不必产生滞纳金了。完成工作马上就能拿到钱，会改变很多人的生活。

对于这些非传统类型的从业者，金融服务需要从头开始建设，从他们的第一份工资单到第一次报税，都是如此。Square金融科技公司最近宣布向客户提供免费的税务服务。任何个体经营者或做过自由职业的人都知道，纳税是一件非常复杂的事，即使涉及的钱相对较少，也需要相当多的知识和研究才能正确地确定一年中要缴多少税款，只有这样，在纳税的时候，才会不面对税单无力支付。

金融科技公司取得了一些进展，从类似支票兑现这种剥削性行业中夺走了一些业务。支票兑现向客户收取高额费用，而金融科技公司提供了更便宜的拿到钱的方法。尽管这些后来者越来越受人们的关注，但他们的规模仍不足以覆盖数百万零工经济的从业者。要想在社会中真正普及这种服务，嵌入式金融是其中的关键。

优步和 Grab

优步和 Grab 是两家我们已经提到过多次的公司了，他们是应用嵌入式金融，实现"随赚随取"的好例子。他们在司机提供服务的当天就支付工资，而不是等到一周或一个月结束的时候再支付。这些公司还进一步为司机提供贷款、加油资金等等，让他们能够接更多的订单，赚更多的钱，养家糊口。

优步与绿点银行（Green Dot Bank）合作，在为司机提供金融服务方面处于领先地位。绿点银行提供即时工资支付、小额贷款和信贷产品，还为司机提供税务服务。因为每个司机都必须安装优步的手机应用程序，所以优步可以在司机们早已习惯的使用体验中，自然而然地接触到他们。在这里，优步公司是关键，但它单打独斗也干不成事。我们已经提到了它和银行的合作，但还有一些创业公司也适合这个生态系统，他们可以帮聘请者和其他公司满足零工经济从业者的特殊需求。为这些从业者提供金融服务可以使聘请者和平台双赢（见图6-3）。

在东南亚，每10个人中就有6个人无法获得或只能获得很少的银行服务，每10个人中有9个没有信用卡，普惠金融的机会是巨大的。早在Grab刚建立自己的运输服务时，这个机会就显现出来了。事实上，大多数司机以前没有获得过基本的银行服务。当时，Grab与各大银行和金融服务提供商合作，帮助这些人在每完成一笔订单后

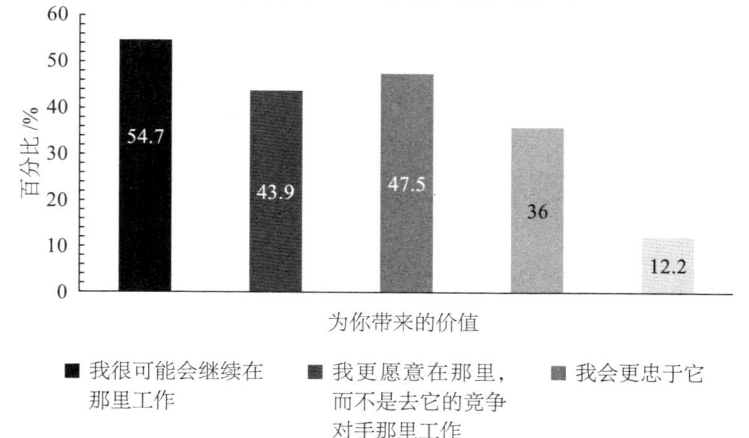

在零工经济中，如果你能从打工的公司或平台上获得信贷，这会如何影响你与他们的关系？（选择所有适用的选项）

为你带来的价值	百分比/%
我很可能会继续在那里工作	54.7
我更愿意在那里，而不是去它的竞争对手那里工作	43.9
我会更忠于它	47.5
我会更愿意把他们介绍给其他的兼职者、自由职业者以及零工经济的从业者	36
不会改变任何事情	12.2

图6-3 客户需要什么（Bond品牌忠诚度网络研讨会）

来源：基石顾问公司。

都能立刻拿到钱。他们可以把这些钱用于日常开支，并为自己投保以防意外。Grab 认识到市场上的这一空白，并意识到自己拥有数据，是司机的合作伙伴和商户关系的管理者。从那以后，Grab 决定利用自己的特殊地位，推出自己的一系列金融服务。

Grab 公司在 2018 年推出了"Grab 支付"（GrabPay）服务，然后又进一步提供了小额贷款、保险和财富管理等金融服务。这些服务利用已掌握的用户数据设计适合用户的产品，并根据每个用户的风险情况为金融服务定价。Grab 公司的服务比标准的金融服务提供商的服务更便宜。它还向那些传统公司不提供服务的人群提供驾驶保险或者重病保险等保险产品，并根据司机和商户的行为调整这些服务的费率。

提高当今劳动者的技能

如果不考察嵌入式金融对当前和未来就业的影响，我们就无法得知它究竟对整个社会产生了多大的影响。

金融行业格局的变化会创造出新的就业机会。因为大大小小的品牌都开始需要金融服务领域的专家，以弥补其产品团队的不足。我们已经看到这种转变正在发生，我们也知道，这种转变还处于早期阶段。根据领英的数据，截至 2021 年 12 月，在苹果公司大约有 30 位金融领域的专家在各种顶着"金融科技"名头的团队中工作；在亚马逊（不包括亚马逊网络服务或其他辅助业务）大约有45人；在微软有超过90人。这还不包括围绕这些产品配备的数以百计的工程师、产品设计师和营销团队。曾经有一段时间，顶尖人才都蜂拥进入金融行业，后来这些人又去了大型科技公司，如今又出现了一个庞大的金融去中心化运动。在嵌入式金融的帮助下，大众化的金融服务将再次成为热门。也许到那时，人们就不会再问我们到底是干什么的了。

金融科技强调自动化，它与就业的关系一直是矛盾的。的确，随着银行业持续不断的数字化转型，会创造出新的工作岗位，吸引新型人才。然而，由于自动化以及数字领域的发展，某些角色和职务将被取代，人们会因此感到不安。随着充满自助式服务以及自动化业务的数字经济逐渐侵蚀传统的线下市场，就业形势发生了巨大变化。现在的技能并不总能适应未来的工作，而未来的工作大多还不存在。一些不太需要传统技能的工作已经被自动化淘汰，还有一些工作原本需要高水平的特定技能，现在也不需要了。我们需要新的技能，也需要培训这些技能的新地方。当然，对一些老派风格的工作[比如调度通用商业语言（COBOL）程序员的工作]，仍然有很高的需求。

很明显，新的人才将有很多机会进入这个领域，但在这个过程中，也需要对许多技能过时的员工进行再培训，这是领导者在考虑未来工作时首先要考虑的中心问题。正因为我们看到了以金融服务为背景的科技发展的大潮,我们更没有理由不为现有团队中的人才提供培训,帮助他们掌握未来所需的知识和技能。对于金融服务行业的从业者来说,他们很有可能因为技术进步而失去工作。因此,拥抱嵌入式金融并利用自身的背景优势,这些从业者有很大机会在传统金融行业以外找到工作(见图6-4)。

作为金融中心的城市聘用的员工人数和金融科技公司聘用的员工人数的对比排名

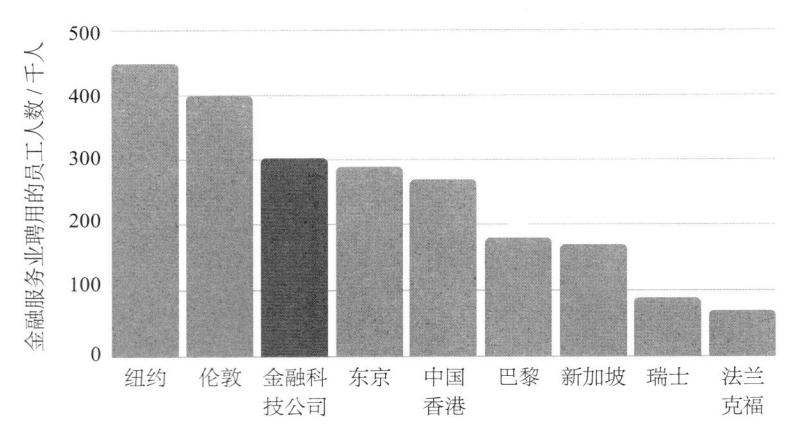

图6-4 金融科技公司聘用的员工人数比许多金融中心聘用的员工人数都多
来源:金融、科技和创业中心,2021年。

政府和业界领袖必须齐心协力,重新培训从业人员,让他们有能力承担未来的工作。如果不这样做,许多人将被抛在后面。真正能干的人会有很大机会掌握新的技能,并在新领域中找到合适的工作。为了实现这一过程,公共和私营部门必须对行业的发展方向有一个明确的计划,必须清楚哪些工作需要新的技能或者需要重新定位以及达到这一目标的最佳策略是什么。这种趋势造成的后果不仅是失业和工资停滞对经济造成的影响，还要严重得多。因此，我们必须从战略上思考如何为了未来培训现在的劳动力，这一点至关重要。

在嵌入式金融方面，银行里最重要的职位就是与 API 有关的职位，以及负责和外部合作伙伴互联互通的职位。对银行来说，内部职位的变化并不新鲜。毕竟，从 50 年前自动取款机（ATM）问世开始，银行网点就一直在裁员。随着计算机上的数字银行和移动银行的推出，这个过程在继续。尽管与银行里的其他职位相比，银行网点的员工被裁的比例相对较高，但我们仍可以针对这一趋势为人们开辟一条新的职业道路。毕竟，任何一个做过人力资源的人都会告诉你，培训一名新员工的成本要高于留住一名现有员工的成本。

每个公司选择人才的战略都不同，但不管怎么说，嵌入式金融给这些公司带来了巨大的机会。因为大多数提供嵌入式金融服务的公司都在一定程度上（或多或少取决于他们如何运营）需要熟悉金融科技、银行服务和监管环境的人才。这些公司可以通过以下几种方式利用这个机会：提高内部员工的技能；一半员工从外部引进，另一半用内部员工，双方彼此平衡；只从外部引进员工。

从人才的角度看，未来的嵌入式金融肯定会有很多机会。那么问题是，公司在组建他们的嵌入式金融团队时，应该寻找什么样的人才呢？

金融、技术和创业中心最近发布了一份金融科技公司工作岗位的报告，其中对全球最大的 225 家金融科技独角兽公司现有的 4 万多个工作岗位进行了分析。金融、技术和创业中心的联合创始人阮文安解释说，即使是现在，技术能力也已经比金融能力更重要了；这一论点是有数据支持的。她说："花旗银行是世界上最大的银行之一，仔细观察后，你会惊讶地发现，花旗银行目前正在招聘的职位当中，有超过 50% 都与技术相关。"她概括道，除了员工都要具有的软硬技能和心态（包括企业家精神），在跨部门的环境中与不同团队合作的能力，将在嵌入式金融团队的成功当中发挥关键作用（见图6-5）。她最大胆的预测是什么？到 2030 年，大多数科技巨头公司都将拥有一支背景和技能非常多样化的嵌入式金融团队。

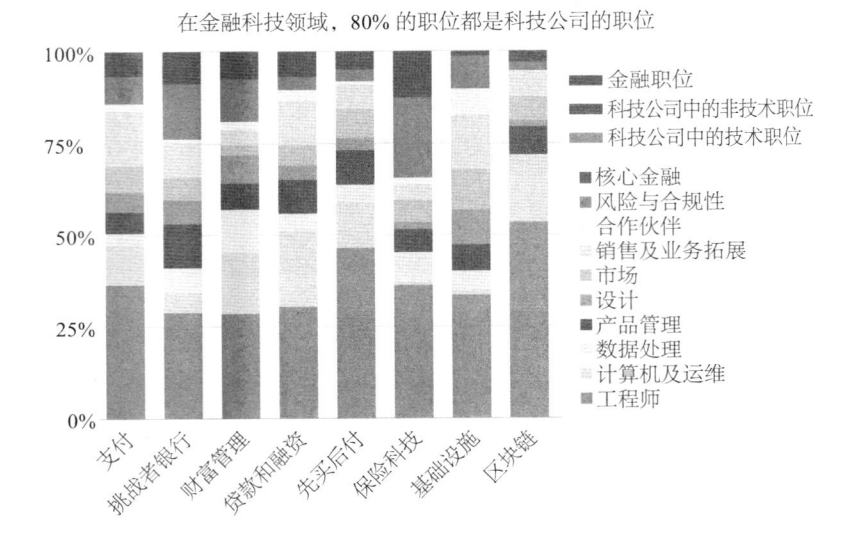

图6-5 技术职位正在蚕食金融职位

来源：金融、科技和创业中心，2021年。

在与 Shopify 公司的产品总监图伊·艾伦谈话时，她表示，随着嵌入式金融变得越来越主流，有两个领域的人才对这一行业的成功至关重要。其一是制定价格和盈利策略的专家团队。她说："人们往往会陷入提供金融服务的兴奋当中。但要真正实现三赢，制定具体的定价策略至关重要。"其二则涉及合规和监管领域。对于 Shopify 这样一个全球性的商业平台，在团队中有合规和监管领域的专家是非常重要的。艾伦说：

就合规和监管而言，金融服务是一个非常复杂的事情。不管是在一个地区还是在全球都是如此。一定要跟上监管的不同变化。无论是国家与国家之间，还是地区与地区之间，跟上变化都非常重要。要有正确的架构，随时跟踪变化，还要确保你提前做了调查，以避免出现需要大量返工或无法进入某个地区或市场的情况。

艾伦说得完全正确。对于一家试图进入嵌入式金融领域的公司来讲，这类人才至关重要。同时，对于那些已经在金融行业中的人来说，这也是一个很好的机会，可以让他们从传统的职位中跳出来，发挥他们的才能。以制定价格策略的团队为例，那些有数据和统计背景的人，以前可能不会考虑去那些大品牌的零售商或其他公司，而现在就可以考虑了。

我们看到，这一趋势已经在中国创造了大量的就业机会。研究金融科技以及中国问题的专家亚辛·拉贾吉表示，通过嵌入式金融以及它的解决方案，仅阿里巴巴公司就创造了约 4000 万个就业机会，腾讯公司创造了约 300 万个就业机会。

可持续发展

不管是目前还是未来，西班牙对外银行都在可持续发展方面发挥着积极作用，它是这个领域最重要的金融机构之一。西班牙对外银行可持续发展全球主管杰维尔·罗德里格斯·索莱尔认为，西班牙对外银行和其他金融机构的不同之处在于两个关键性战略，其中之一就是可持续发展。他说："可持续发展是个人生活、中小企业和大型企业经营中的关键部分。"西班牙对外银行并没有把可持续发展看成是它的非营利事业中的一个方面，而是把它看作整个业务的核心。西班牙对外银行相信，可持续发展会带来巨大的商业机会，特别是在以气候变化和减少碳排放为中心的环境、社会和公司治理领域当中更是如此。索莱尔的工作就是定期向公司的战略委员会主席和首席执行官汇报所有与业务相关的事情。整个银行的所有关键业务部门也都要向索莱尔汇报工作。

西班牙对外银行并不是唯一一家在可持续发展方面发挥积极作用

的金融机构。2021年,在最新的第26届联合国气候变化大会(United Nations Climate Change Conference,COP26)上,在所有的行业中,银行业给出的承诺最为有力。根据索莱尔的说法,在未来的二三十年里,每年将需要70000亿美元的投资,用于各行各业的碳减排工作。其中很大一部分资金将来自公共部门,不在大公司的资产负债表内。但像过去一样,这些资金中的很大一部分要通过银行发放出去。西班牙对外银行认为,要达到预期的效果,他们自己也需要调动数千亿美元的资金。其他银行也同意这一观点。

这样的承诺意味着什么?西班牙对外银行已经对5个行业做出了承诺,会调整他们的投资组合,以减少这些客户的相对碳排放。受影响的主要是煤炭、电力、交通运输、水泥和钢铁行业的大型企业客户。西班牙对外银行也在为石油和天然气、航空、船运、房地产和农业制定类似的方案,以减少二氧化碳的相对排放量或每单位能量的同等排放量。西班牙对外银行承诺帮助每个客户进行碳减排。西班牙银行与每个客户合作,了解他们的碳减排计划,如果他们没有计划,西班牙对外银行会与他们合作制订计划。对于那些承诺减排的客户,西班牙对外银行会为他们提供更多的服务、更多的贷款以及其他好处。西班牙对外银行一个行业一个行业地这样做。如果客户没有达到预期的承诺,就不再为他们提供金融服务。

上面已经谈到,可持续发展的思路若要成功,背后必须有商业机会。对普惠行业增加投资必须能看到赢利的可能。这种投资不仅对环境有利,对人也要有好处。西班牙对外银行正在世界各地积极开展这项工作。它向没有信用卡的人发放信用卡,为墨西哥和拉丁美洲其他地区完全没有银行账户的人开立账户。这些举措直接影响了人们的生活。这是一个很好的例子,说明嵌入式金融如何为社会带来好处。哈维尔说:

> 无论是在需要大量投资的碳减排领域,还是在普惠金融领域,我们进入的都是新兴市场。与世界上的其他银行相比,我们在这方面处于领先地位。我们把可持续发展看成是一项与嵌入式金融相关的业务。嵌入式金融已经包含了可持续发展的所有方面。我相信我们很快就会听到可持续发展的嵌入式金融这个说法。

在西班牙对外银行的手机应用程序中,可以很明显看到嵌入式金融的应用,里面还包括和可持续发展有关的组件。通过这款应用程序,客户可以跟踪自己的生活,包括使用的交通工具以及个人健康状况,还可以监测碳足迹。西班牙对外银行在应用程序中放入这些组件的目的,就是鼓励自己的客户以更可持续发展的方式生活,减少二氧化碳排放。

高盛集团全球主管兼交易银行产品暨销售部总经理爱德华多·贝

尔加拉还提到了另一点，他认为利用嵌入式金融，可以激励这些公司改进他们的产品或达到特定的目标。他说："高盛交易银行正在做的一件事就是为企业提供环境、社会和公司治理领域的存款账户。当这些公司达到他们在这个领域的目标时，他们就可以从这些账户中获得更高的收益。这是另一种方式，我们从中可以看到嵌入式金融产品如何对社会产生巨大的积极影响。"

Money 20/20 金融科技峰会主席特蕾西·戴维斯（Tracey Davies）非常清楚这个话题的重要性。她说：

在 Money 20/20 金融科技峰会上，我们不仅要反映行业的想法，也要引领行业的发展。我们在峰会论坛上一直有一个很大的主题，就是关于金融科技如何推动社会中的善。从中可以看到，我们这个行业不仅贡献利润，我们提供的创新产品也是社会和企业向善的动力。现在，我们的世界面临严重的危机，已经不仅是推动向善的问题了。政府、企业和我们所有人都必须面对它。

正如西班牙对外银行和高盛银行所描述的那样，现在已经出现了一股强大的力量，"推动可持续发展"成为联合国的首要问题和中心议题。联合国任命了前英格兰银行行长马克·卡尼（Mark Carney）为气候行动和融资特使。在联合国网站上他的最近一次采访中，他谈到了私人金融如何越来越多地帮助温室气体的净零排放,也就是说,产生的温室气体与从大气中去除的温室气体相等。

他强调,任何大规模的运动,无论是社会的还是环境的,都会有人冷嘲热讽。他认为,我们都希望避免某些公司为了树立支持环保的虚假形象而做的各种"漂绿"活动,我们都希望得到真正的进展和真正的解决方案。很明显,如果金融服务业愿意,它可以在这方面发挥引领作用,而且这也是它必须做的事。

嵌入式金融的局限性

尽管我们一直在鼓吹嵌入式金融给我们带来的好处,但也要注意嵌入式金融带给社会的挑战和它可能的局限性。正如我们前面多次提到的,嵌入式金融可以提供流畅的、无摩擦的用户体验,用户无须思考就可以购物。虽然从用户的角度看,这是一种很棒的体验,但它背后的心理学本质却要复杂得多。

同时,嵌入式金融一般把便利性看得比隐私更重要。戴夫·伯奇和其他一些人已经指出了这一点。我们在后面将详细讨论这个问题。与身份欺诈、隐私保护和数据所有权相关的问题非常多,我们不能因为他们在很大程度上还不为人所知就大事化小。我们将继续学习并研究每一个问题,这个过程是痛苦和昂贵的。即使监管机构和客户还没有意识到其中的危险，嵌入式金融的参与者也必须负责任地使用数据和人们的身份信息。

在一次度假的时候，我们和一个朋友一起外出购物。她在每一家商店都用现金结账。我们逛了一天，她花了 350 多美元购买礼物。我们有点困惑，问她为什么要用现金结账？带这么多钱似乎很麻烦，甚至有点危险。她的回答很简单："现金是可感知的东西。我能感觉到它，我能看到它，我知道它在那里，我可以看到它离开我的钱包。我要对它负责。"这个论断实际上非常深刻。我们可以找出很多的原因，解释为什么大部分人在经济上没有保障。而作为一个社会，我们和我们周围的管理机构有责任帮助人们做出最好的财务决策。

在过去几年里，一个很重要的趋势就是我们已经详细讨论过的"先买后付"。在世界各地，经营这个业务的公司正在呈爆炸式增长，其中许多公司将于 2021 年上市。这些公司各不相同，他们服务于不同的目标市场，这些市场的消费能力和购买需求都不同。乐观主义者会指出，"先买后付"业务可以帮助人们购买必要的物品，比如修理汽车，以便他们在最需要的时候能够去上班。而怀疑论者会指出，"先买后付"业务为人们提供贷款，购买他们不需要的奢侈品，而购买奢侈品的时候，正是人们最希望获得贷款的时候。这将导致人们背上更大的债务。信用卡玛（Credit Karma）在线信用积分查询公司在 2021 年年初对使用"先买后付"业务的消费者进行了一项调查，发现在使用这项业务的所有受访者中，有近40%的人至少拖欠过一次还款。在逾期付款的人中，有近四分之三的人表示，他们的信用评分下降了。

有关身份信息和隐私的问题

正如平安集团展示的那样，嵌入式金融不仅是在另一个业务环境中提供金融服务，它还可以管理你的身份信息。"身份信息"是用来验证你的身份，证明我们就是自己宣称的那个人的信息。在过去，你需要走进银行网点，用驾照、护照甚至是你的签名来证明自己的身份。在开户时，银行会要求账户持有人在签名卡上签名，还能用这个签名来对比验证支票和其他物品上的签名。在美国，直到20世纪90年代和21世纪初，当客户想要在账户之间转账或向另一个账户持有人转账时，还需要在纸质的表格上签名。

如今，身份验证更有可能通过数字化方法实现，但这些方法可能会打扰你或者冒犯你。戴夫·伯奇是世界上研究身份验证的权威之一。在谈到嵌入式金融可能在哪些方面帮助消费者时，伯奇表示：

我认为一个最简单的例子就是，很多时候你只是想证明你是一个真实存在的人，而不是一个机器人。对于很多在线服务来说，现在还做不到这一点。所以,通过嵌入式金融提供的服务并不一定是转账之类的服务,还可以是其他服务。而到目前为止,我认为这个领域还未得到充分的开发。

伯奇指出,这类应用甚至都不需要与金融有关,不需要有资金的转移。伯奇评论道:

举个非常简单的例子,如果我在一个在线交友应用程序上注册了账号,这个应用程序怎么知道我是个真人而不是机器人呢?我们已经习惯了这样的情况:你注册一个账户,然后通过 Plaid 平台跳回到你的银行账户上,用你的银行账户登录。这不是因为他们想让你买什么东西或者转账,而是因为他们想通过金融服务提供一些其他的资格证明。

对于银行来说,身份认证一直很重要,因为他们的传统就是要知道你是谁。而且他们还有责任保证数据和资金的安全。伯奇和其他几位金融科技界的业内人士一直主张银行在这些领域扩大服务。但今天,当人们想到通过数字化方式验证自己的身份以及存储重要数据时,大多数人想到的都是谷歌公司、苹果公司,而不是富国银行或者法国巴黎银行(BNP Paribas)。

但嵌入式金融领域不只包括银行，还有科技公司。伯奇指出，这些公司在认证用户身份方面也遇到了困难。"谁能知道你是不是一个真人呢？"伯奇问道。

推特不知道我是不是真人；脸书不知道我是不是真人，但银行知道我是不是真人。这类例子可能涉及更有趣的领域。就像在英国，政府马上要通过一项法律，规定年满18岁的人才能获得某些服务，比如成人服务、赌博，诸如此类的东西。但我们没有身份证明，就像在美国一样，我们不知道每个人是谁，也不知道他们多大。那么到底谁知道我是真人，知道我已经超过18岁了呢？银行。因此，让银行提供令牌化（tokenized）的身份证明是个很好的主意。对于嵌入式金融来说，在金融服务、支付等领域有极好的增长机会。但我同时认为，在身份认证、信用评级和参与新经济方面，它也有非常可观的增长机会。

令牌化是保护重要数据或者敏感数据的一种方法。这些数据包括你的姓名、社会保险号、信用卡号等等。采用令牌化技术，可以将敏感数据替换为安全数据。第三方即使截获或发现了这些数据，也无法使用，因为他们需要密钥才能解锁。如果没有密钥解锁，被截获的数据就毫无意义，即使最强大的计算机也没有解锁令牌的计算能力。一些专家会争辩说，量子计算机的能力要强大得多，会对令牌化造成威胁。但在撰写本书时，量子计算机的发展仍处于非常早期的阶段，它对令牌化构成威胁的这一天还没有到来！

身份识别和身份验证

虽然显得有些"书呆子气"，但伯奇指出，尽管"身份识别"和"身份验证"这两个词经常互换使用，但他们之间有重要区别，这种区别与隐私有关。

当我用苹果支付（Apple Pay）买东西时，我使用面部特征解锁，这就是身份验证。手机只是在检查，是不是我在用手机。它并不知道我是戴夫·伯奇还是其他人，它只是在检查，这个人是不是可以做这件事。实际上，这是一种很好的方法。它的独特之处并不在于它的安全，而在于它的方便。人们因为方便所以这样做，这增加了系统整体的安全性。生物识别作为一种身份识别技术是非常诱人的，我完全理解其中的原因。它的理念就是，当你走进商店时，系统就知道你是谁了，然后你就可以去买你想买的东西了。这的确很诱人。但我只是觉得，这个层次的身份识别会让我感到不舒服，因为你不能选择关掉或者打开它。我在使用手机前，可以选择是否打开手机上的忠诚计划，我在商店里走动时，可以选择是否运行或关闭超市的应用程序，但我不能"关闭"我的脸,不让商店识别。这是两回事。

财富博客"金融人"(The Finanser)的创始人、作家、评论家克里斯·斯金纳指出,通过视网膜识别、人脸识别和指纹识别技术实现支付,在中国已经非常普遍,未来还可以通过识别你的走路方式实现支付,这将是嵌入式支付的顶点。我们也可以达到这样的高度,可以根据人们走过的地方和走路的方式实现支付。虽然科技在很多方面改善了我们的生活,但在某种程度上,它也会侵入我们的生活。识别身份的地方越多,或者可能被识别的地方越多,我们的生活就越有可能被跟踪、被追溯。所以隐私与身份认证的问题,是一个非常重要的问题,必须解决。

因为嵌入式金融依赖对人进行数字化的身份识别或者至少是身份验证,所以它更倾向于支持那种携带了大量数据和环境信息的支付方式。这意味着现金不适合嵌入式金融,因为它可以匿名使用。对于商家和金融服务提供商来说,现金携带的信息量最少。看重隐私的人通常认为这是现金的一个好处,而不是坏处,但它也给嵌入式金融带来了某种两难的处境。我们在前面提到,嵌入式金融是普惠金融的重要工具,甚至是帮助人们摆脱贫困的重要工具,而低收入者以及得不到银行服务的人,在日常生活中更有可能使用现金。除了隐私方面的担忧,一个人可能有不得不使用现金的很好的理由。别人可能付给他的就是现金,而他没有办法通过银行账户把现金转换为数字形式。他们可能居住在偏远地区或者银行服务不足的地方,他们甚至可能是处于极端环境中的人,比如政治难民、无家可归者,或者逃离家庭暴力的人。

在全球范围内,现金的使用都在下降,即使在那些普遍使用现金的国家也是如此。而且在今天,有更多的方法将现金转化为数字。2009年成立的就近支付(PayNearMe)和现金广场(Square Cash App)等创业公司,可以帮助用户在实体店的结账柜台将现金转换为数字形式。在非洲,朱米亚(Jumia)电商平台允许用户以数字方式下单,而在收货时用现金支付;而像M–Pesa这样的服务,允许用户在线下的实体代理店中,将现金转换为数字形式,存储在可以通过手机访问的账户上。现金的使用可能会越来越少,最终只在一些特殊的情况下才会使用,而这些情况在本质上可能不适合嵌入式金融的应用。

新世界

很明显,嵌入式金融有可能对我们这个世界产生根本性的影响——从环境、社会和公司治理领域到普惠金融,再到下一代劳动力,无一不被波及。未来10年,嵌入式金融的发展会是怎么样的?哪些公司准备好了利用这一机遇?当嵌入式金融融入我们的金融生活中时，我们的日常交易会是什么样子？让我们一起探索 2030 年的嵌入式金融的世界吧。

总结

由于互联网的普及，人们的生活和工作方式发生了巨大的变化。通过更好的分销方式，金融科技扩大了金融服务的覆盖面，而嵌入式金融将进一步实现这一目标。嵌入式金融革命的广度意味着它将在多个方面影响整个社会。

- 人们会使用数据。数据会以更方便的方式，在更适宜的情景中，为银行服务不足的地区和行业提供适合他们的金融服务，促进普惠金融的发展。
- 金融服务领域的竞争越来越激烈，这意味着公司会更努力地满足客户的需求，并投资对社会更有益的事业，包括可持续发展等。
- 金融行业格局的变化将创造出新的就业机会。因为各种品牌厂商，无论大小，都需要金融服务领域的专家，以弥补其产品团队的不足。
- 嵌入式金融的发展带来了一些关键性问题需要解决，比如有关身份信息和隐私的问题。

第七章
2030年：嵌入式金融的未来

本书撰写之时，正值 21 世纪 20 年代初，我们所有人的金融生活和非金融生活之间的界限正在变得越来越模糊。到 2030 年，这些界限将完全消失。

我们现在看到的趋势，将在这 10 年中加速发展。银行交易将继续向数字世界转移，面对面的接触将继续减少。在许多金融生活的场景中，客户仍然需要有银行账户，但这只是例行公事，是为了业务进行下去而采取的必要步骤。金融发展趋势的关键不是银行账户，而是有能力为了体验而付款。前端沟通将由一个客户信任的品牌来负责，它销售给客户想要的体验，而剩下的都是实现这一目标的工具，而且操作都是自动完成的。

未来学家布雷特·金曾经说过，银行不是你要去的某个地方，而是你要做的某件事。到 2030 年，随着我们的金融生活和日常生活融为一体，金融活动甚至不再需要你去做，它就自动完成了——当然，要在征得我们同意的前提下进行。

现在让我们从消费者的角度，仔细考察在嵌入式金融的推动下，未来会是什么样子。

2030 年：生活中的一天

米娅的一天

让我们先来看看 2030 年中产阶级消费者的一天。米娅早上 7 点醒来，卧室里的音响播放着轻柔的古典音乐。淋浴喷头打开了，咖啡也煮上了，一个全息显示屏显示着她的银行和投资账户的余额，并记录她持有的投资产品的价格变化。她醒来时也会收到健康数据。她的心率稳定，但有点脱水。

在她睡觉的时候，她的智能家居系统提前支付了未来两个月的预期电费，因为它预计电价很快就会上涨。她的虚拟钱包基于云科技，在机器学习的帮助下，不断熟悉米娅的偏好和风险承受能力。它在一天当中，会执行几笔交易来优化她的财务状况，让她在交税时处于更有利的地位，并在各种小地方帮她赚了几美元。

她一边吃早餐，一边查看需要支付的账单。她的预算应用程序通知她，她已经为下个月的度假攒够了钱。她让亚马逊的虚拟助手 Alexa 在一个旅游网站上订票，同时购买了相应的旅行保险。她还让 Alexa 在酒店民宿平台爱彼迎（Airbnb）上预订了一个房间，并在她要去的城市为她购买了一个预付费的娱乐套餐。所有这些信息都立即出现在她的虚拟钱包中，并可以与同行的人分享。

她从没去过银行。她有几个金融服务机构的账户，虽然她不清楚这些账户是做什么的，但她很清楚自己每个月要支付多少费用。不过，在她的虚拟钱包背后，金融基础设施是如何运作的，她不需要知道。就如同她不需要知道汽车的引擎是如何工作的，不需要知道冰箱是如何保持低温的一样。

到了上班时间，米娅戴上耳机，进入虚拟办公室系统。工作了大约4个小时后，她说声再见，然后退出。

那天晚些时候，米娅开车去买东西。她的车会把沿途要经过的餐馆菜单显示出来，以防她想吃午饭。她通过汽车支付了一笔外卖订单，她的汽车与她的钱包相连。订单会在恰当的时机下达，等她回家时饭菜就会送到。当她在收费公路上行驶时，汽车会自动支付费用。因为这个时候是一天中最拥堵的时间，所以市政府会收取少量拥堵费。因为这是必须支付的，汽车在提醒了米娅后，完成了支付。

当米娅走进她最喜欢的商店时，系统通过她的面部生物数据认出了她。商店会调出米娅经常购买的物品清单，然后告诉她哪些物品的优先级较高。其中之一就是米娅一直想买的一把新椅子。商店可以为这把椅子提供优惠贷款，但米娅正在为其他事情存钱，所以她的AI系统拒绝了这个提议。但它稍后会告诉米娅，以便她在空闲时考虑。与此同时，她试穿了几件衣服，然后拿走了其中的2件。商店知道她拿走了哪些商品，并在米娅走出商店时，从她的账户中扣除了这些钱。

回到家后，米娅再次查看她的度假计划。她可能需要一个新的冲浪板。她看中了一个,但是考虑到已经在买票上花了不少钱,这个价格有点高。这家商店提供了一个无息支付计划,米娅无须预先支付任何费用就可以得到冲浪板。冲浪板的文件发到了她的 3D 打印机中,没过几分钟,冲浪板就被打印制作出来了。

在这一天中,米娅多次从她的银行账户中取出资金,进行了几次货币兑换,并投资了新的资产,但她不需要"做"任何事情。这一切都按照她之前的计划自动完成。

迈克的一天

第二天,轮到网约车司机迈克上班了。迈克的虚拟钱包也在云端,但由于他的境况比米娅拮据,所以他使用钱包的方式完全不同。他背了一些债务,他在财务上关心的主要问题就是还债和借钱。

迈克在他的网约车平台上开立了银行账户,他每完成一单,就会立即得到车费。他用上一单挣到的钱为汽车加满油。他不用下车,也不用拿出钱包付钱。和米娅一样,迈克的钱包会在时机有利时调动资金。但与米娅不同的是,迈克的风险承受能力非常低,因为他没有很多的闲置资金可以支配。

在当天接单的途中,迈克的车胎爆了。他把车停在路边。他现在没钱换轮胎,又必须换,因为不换轮胎,他就没办法工作。他有几个选择。聘请者会为他提供购买轮胎的资金,或者他可以从经常光顾的汽车配件店获得资金。迈克在钱包应用程序中输入了要换的轮胎型号，他的钱包告诉他，商店的价格比他的聘请者的好，所以迈克联系了商店。1个小时后，一名员工来到现场，换上了新的轮胎。迈克负担不了4个星期的分期付款，所以融资公司为他安排了一个定制的还款计划。只需多付一点利息，迈克就可以选择在3个月内还清贷款。融资公司是根据迈克驾驶网约车的历史和预期收入提供贷款的。在还款时，迈克可以选择从每单的收入中扣除一小部分，或者每周一次性偿还。他选择了从每单的收入中扣除一部分还款，3个月内还清。他并不想把还款期拖得那么长，但这种安排可以让他在最小干扰的情况下，继续执行他的其他财务计划。而且他的工作时间很灵活，可以选择调整时间，每天多开1小时车，以便更快地还清贷款。

当天晚些时候，迈克收到了一条告警信息：他的心脏在早些时候有轻微的心律不齐。也许没什么，但应该检查一下。他的健康保险数据都存在钱包里，所以他的钱包可以为他预约下周的医生，并为他重新购买一些已经开过处方的药物。迈克选择今天晚上的无人机送货，而不是自己开车去取药。虽然无人机会收取少量费用，但他的虚拟钱包告诉他，开车去取药可能会损失潜在的收入，而这个收入大于无人机的费用。当天晚上，当迈克准备睡觉时，他的智能床垫会建议他提前30分钟入睡，因为手表上的数据显示，稍早就寝会让他睡得更好，工作效率更高。

对于 2030 年的生活，我们还能期待什么

到了 2030 年，嵌入式金融将改变我们社会和商业生活中的方方面面——从我们使用数据的方式，到我们在不同的场景中购买保险的方式，再到我们管理健康的方式，都会改变。这种改变不仅会影响消费者，也会影响企业。企业必须能够实时做出更明智的决定，才能获得增长。

数据

未来的环境具有高度的互动性，环境中的接触点和数据交换的情况会比今天多得多。走在街上，各种智能系统会和你的数字"气场"互动，这就是你的人工智能钱包和环境互动的方式。你的钱包预先知道你感兴趣的东西，会过滤出你需要的营销信息，并拒绝未经用户批准的信号接入。在我们今天的浏览器上，有很多缓存文件，我们无法完全控制。那些我们只访问过一次而且不会再去访问的网站，还一直利用这些文件跟踪我们。还记得你为老板的儿子订购了一套托马斯小火车和一套图书的事吗？结果从那以后，你的数字生活当中就出现了很多托马斯小火车的广告。到 2030 年，这种情况将不再出现。

人们更加深刻地意识到维护数据完整性的重要性。我们做的事情，包括我们现在所谓的数字足迹，构成了我们生活的图景，反映了

我们的兴趣。虽然这幅图景中包含了许多公司，但总体而言，它属于我们自己。这就像厨师使用多种食材做出一份新鲜、独特的菜肴一样，每样食材都很重要，但他们只是整体中的一部分。到2030年，人们对这一点会有更深刻的理解。就像我们今天保护人身和财产权利一样，我们产生的数据也将得到同样的保护。数据是有价值的，公司想要利用我们的数据赚钱，就需要得到我们的许可，在某些情况下，还要向我们付费。我们的数据可以在我们不干预的情况下，为我们带来收入。这取决于我们希望在何处，以何种方式分享我们的数据。

数据在优化个人生活方面也扮演着至关重要的角色。我们如何让钱为我们工作，就像它为米娅和迈克工作一样？这不是财富管理平台关注的那些问题，而是在日常购物和生活中如何帮助你的问题。首先，它要更精简、更直观。这种优化已经发生了。当人们使用某张卡在杂货店购物时，他们可以获得5%的现金返还；或者当他们预订旅游和酒店时，他们的航空公司里程卡可以获得3倍的积分。你能想象一个完全自动化地完成所有这些优化工作的世界吗？你甚至不需要考虑使用哪张卡，你的虚拟钱包就会自动在正确的地方使用正确的支付卡进行正确的交易。

正如"古比"（Guppy）公司创始人、Money 20/20金融科技峰会组织的主编桑吉布·卡利塔所说的那样："精简是优化的关键。在嵌入式金融的帮助下，同时参考消费者数据库和反洗钱数据库来优化一些数据，系统可以改变很多事情，比如消费者在一次消费中可考虑的选项个数，或者消费者根本不需要考虑任何选项。"这些优化不仅在日常购物上可以使用，在我们财务生活的方方面面都可以使用。我们的房屋应该还清旧贷款再借新贷款吗？需要经常这样做吗？它值得我们花费时间、精力和储蓄吗？贝恩资本风险投资公司的合伙人马特·哈里斯说：

我们可以用钱来生钱，但我们实际的收益比本该赚到的要少。因为我们没有时间去优化策略，所以我们在各方面的策略都很平衡，很保守。但软件有足够的时间。我们都经历过"负净息差"，意思是投资收益抵不上贷款利息；随着我们生活中使用软件的地方越来越多，负净息差的情况会越来越少。我们身不由己地为金融服务支付了太多的费用，现在有软件为我们处理这些事情，简直太好了。

保险业

保险业已经在进行数字化转型，但这个行业比银行业更抗拒变革。比较年轻的人和不那么富裕的人只在必要时才购买保险，而保险产品往往看上去不是必需品。换句话说，除非必须投保，否则很多人宁愿承担没有保险的风险。到2030年，保险业将根据业务场景，围绕客户的需求，针对小众市场提供精微细分服务。这种保险通常会跟业务相关，条款局限在这个领域当中，完全由人工智能处理。像 Hippo 和 Lemonade 这样的公司，已经提供了复杂的家庭保险产品，客户只需轻敲几下屏幕，就可以在几分钟内完成投保过程。

健康领域

健康领域是建设物联网，并通过物联网提供保险产品的最佳领域。健身驿站（Fitbit）公司、苹果手表（Apple Watch）、佳明（Garmin）等公司已经收集了大量的人体健康数据，他们非常了解佩戴这些设备的人的具体情况。在此基础上推出保险产品是再自然不过的事情了。从全球的角度来看，我们还有很多工作要做。在欧洲等地，健康数据是非常敏感的数据，法律不允许公司根据健康风险或者最终用户的行为来为产品定价。在未来，你可以想象，这些公司可以利用这些数据防止人们受到疾病的伤害，帮助人们过上更好的日子。他们可以在人们发病时收集数据，比如心脏病发作时，或者某些并发症发作时的情况。这个概念已经进入了流行文化。在热播剧《亿万》（*Billions*）中，就有一集是关于心脏病的。其中一个人每天都会骑车锻炼，但有一天回家的时候，他却发现医护人员站在他的家门口。他们是来查看情况的，因为他手指上的智能戒指发现了异常，并及时呼叫了医疗干预。这个人因此获救，没有死于心脏病发作。

营销和广告

到 2030 年，几乎每个品牌厂商都会通过直接的数字化接触，和忠实客户建立紧密的联系。如果得到允许，你和某个品牌之间的关系可能会变得非常私密。人们可能会愿意定期花上几个小时和一个品牌互动，并对这个品牌产生深深的信任和喜爱。

英国人类学家罗宾·邓巴（Robin Dunbar）的研究表明，一个人平均可以维持 150 个左右的普通朋友关系，最多 15 个亲密的朋友关系和 5 段恋爱关系。也许在品牌领域，人类也可以维持 5 段"亲密关系"。营销人员应该考虑如何让他们的品牌成为成千上万甚至数百万人的亲密品牌。

通过追踪数字化接触点，品牌能够确定他们与客户的关系是亲密关系、相熟关系，还是普通关系，并相应地调整产品。当这个品牌同时提供金融产品时，客户与品牌关系的亲近程度与否，产生的结果大不相同。在嵌入式金融时代，客户关系比以往任何时候都更重要。而且品牌利用嵌入式金融，总是能够根据业务场景，提供流畅的财务和生活体验，以此吸引客户，建立这种亲密关系。

嵌入式金融不仅为最终消费者创造了机遇，也为商家创造了机遇，尤其体现在营销和广告方面。正如 Banking Circle 公司的反洗钱业务主管莉维亚·贝尼斯蒂预测的那样：

嵌入式金融将成为每一个企业对企业（B2B）或者企业对消费者（B2C）业务中不可或缺的一部分。就我个人来讲，我更愿意看到金融产品越来越多地嵌入到用户的大额支付过程中，而不是作为一个独立的产品存在。我预计到2030年，当商家在诸如脸书以及谷歌等公司购买在线广告时，他们能够获得融资服务；比方说，只有当他们的在线广告被转化为实际的购买时，他们才付钱——相比之下，现在的情况是，商家必须单独贷款，购买在线广告并还款，而不管他们的在线广告是否有效。

可持续发展和不平等

消费会越来越多地在本地完成。人们会认为，不必要的人员和产品流动太过浪费。3D打印作为一种生产消费品的手段，将发挥更大的作用。从中国通过集装箱船运输到世界港口的制成品将大大减少。采用普通材料的制成品将在离你很近的地方（甚至就在你家里！）按需进行3D打印。今天已经有可以在24小时内盖好一间房的3D打印机了。很快，从汽车到食品，从定制橱柜到假肢，人们很快就能打印出能想到的所有消费品了。今天，亚马逊可以按需印刷书籍，而到2030年，亚马逊可以按需印刷几乎所有东西。未来，你不仅要为消费的产品付费，也要为废弃他们付费。美国加利福尼亚州已经开始强制征收垃圾收集费了。在那些走在时代前列的行政区域内，这种情况会越来越多。人们会找到产生大量垃圾或污染物的个人，让这些人承担责任，减少危害。

美国作家威廉·吉布森（William Gibson）有句名言："未来已经到来，只是分布得并不均衡。"这句话的后半句值得我们记在心里：未来分布得并不均衡。到 2030 年，虽然贫困人口会减少，但贫富差距仍然存在，而且可能比以往要大。至少从 1895 年英国作家赫伯特·乔治·威尔斯（Herbert George Wells）的《时间机器》（*The Time Machine*）出版以来，人们对未来的一致看法就是，富人会越来越富。嵌入式金融的一个希望就是把金融服务带给更多的人，为人们提供财务上成功的机会。无论你的收入如何，数字化银行带来的大规模个性化定制以及数字化工具对你的服务都是一样的，它会抹平富人和穷人之间的不同体验。

线上与线下的融合

目前，线上和线下的连接是非常脱节的。当你走进一家实体商店买一个包，商店很可能并不知道你是谁；但如果你在网上访问同一家商店，他们可能会通过浏览器的缓存文件，或网站自动存储的上次登录信息而认出你。如果在线商店能够利用嵌入式奖励以及其他激励机制，让你同意他们收集你的信息，那么当你在他们的线下店时，在线商店就可以有更好的体验了。这对零售商、品牌和作为消费者的你来说，都有巨大的好处，因为他们在你最需要的时候，为你提供了最合适的产品。

我们生活中的很大一部分活动将继续在线下进行，未来线上和线下将会有更多的碰撞。西班牙对外银行可持续发展全球主管哈维尔·罗德里格斯·索莱尔认为，"网络世界和现实世界越来越融为一体"。你可以用手机的应用程序叫一辆车来接你，也可以用手机提前点餐，但你仍然要去餐厅和朋友们一起吃饭，讨论问题。就银行业而言，索莱尔说："西班牙对外银行相信，那些在线上发展最快、同时又拥有线下网点的银行，才是未来的赢家。"虽然索莱尔看到了机遇向线上世界转移的趋势，但那些同时玩转线上和线下的人，将是长期的赢家。

高盛集团全球主管兼交易银行产品暨销售部总经理爱德华多·贝尔加拉认为，在嵌入式金融的推动下，线上和线下的区别将越来越模糊。他特别提到了物联网：

我想你会看到金融服务被嵌入各种线下体验当中。无论是你的汽车还是冰箱，你很快就会看到嵌入其中的金融服务。当你停车加油时，你会看到汽车自动付费，或者你的冰箱自动下单购买快吃完的食品。

播客节目"为了金融科技的缘故"的主持人、Money 20/20 金融科技峰会组织的内容总监扎克·佩特也认为，在未来，线上和线下两个世界会连接在一起。他说：

我希望数字世界能够影响现实世界，能够改善人们的生活方式，特别是在健康、幸福和财富方面。这很可能会改变我们的工作方式，让那些想以创意为生的人真的能够如愿以偿，以创意为生。有必要的基础设施支持他们，他们可以在这些设施里考虑所有必要的事情，这里的服务一应俱全。

在想象线上世界和线下世界如何互动时，有很多事情要考虑，其中一个关键就是防止欺诈。如今，特别是在金融服务领域，在谈到欺诈时，人们通常认为线下世界更安全。人们如今更常见的仍然是拿着身份证件到银行网点开户。因为本人就在银行内，所以能更快地获得资金和服务。虽然你也可以在网上开户，但许多客户仍然觉得受到欺诈的可能性更高。因此，有大量公司涌向身份认证、安全和防欺诈领域。但如果10年后，对这两个世界的看法颠倒过来，又会如何呢？桑吉布·卡利塔说："想象一个线上比线下更受信任的世界。这会意味着什么？"

数字钱包

在未来的世界里,金融交易将是无摩擦的、隐形的,而价格将是透明的。我们的数字钱包将在我们的许可下自动完成交易。忙碌的消费者将省去许多烦琐的交易过程,而没有获得足够金融服务的消费者将会得到更多的机会。

我们不会再携带放着现金或信用卡的真正钱包,我们的钱都存在数字钱包中,这将成为我们主要使用的账户。这个"钱包"实际上是一个复杂的软件,可以管理多个支付账户、顾客忠诚度计划,或许还可以管理我们的投资和身份认证。我们数字钱包里的"钱"可能是传统的资金、商店的积分、游戏代币等。当用户进行金融交易时,所有这些"钱"都可以互相转换,用来支付。

到 2030 年,小额的常规支付将会自动完成,这会是机器对机器的支付。你买东西的时候不再需要与收银员互动,甚至不再需要通过网站或应用程序的购物车。你买了什么会被记录下来,对别人是透明的,他们看不到,你的数字钱包会付款给商家。对于非自动付款,如果需要,人工智能会知道并完成付款。当需要用户批准时,它会通知用户。当买一件昂贵的东西时,它会自动选择优惠和折扣,但仍然需要用户手工审批。非必要的购物(一些只为了娱乐的购物)大部分也需要用户手工批准,但在一定的范围内,很可能会被自动支付。人工智能将查看竞争产品，确保你的选择在那个时间和地点是最佳选择。

这个人工智能代理将是什么样子？你的数字钱包将存放在"哪里"？它不会在你的包里或者口袋里的个人电子设备上——或者说，它不会只在你的个人电子设备上。它会在你持有的每一台设备上，在你周围的数字"气场"中，或者借助第三代互联网提供的能力，存储在许多地方。第三代互联网是万维网的新迭代，它采用了基于区块链的去中心化技术，正在获得高度关注。到2030年，联网设备会比现在多很多。你的家、私家车，甚至你在外面去过的地方，都会连在网上。你的数字"气场"将与数字化的品牌厂商、各种机构和各种人相互作用，交换数据。这和2030年的自动驾驶汽车很类似。大多数互动都是自动完成的，系统只会偶尔请求你批准某笔交易。但这些自动完成的交易具有丰富的背景，如果你希望了解他们，会有大量的细节供你研究。

2030年的消费者每天使用的金融产品，在数量上会超过2022年许多人每个月使用的金融产品。这是因为，金融产品已经根据不同的场景被分割成了不同的部分，并在需要时通过你信赖的品牌交付给你。在基础金融账户的周围，围绕着金融科技公司的生态系统。在他们的帮助下，卓越的、面向消费者的品牌可以使用这些账户。

在2030年，一只典型的数字钱包里的钱会不断流动，从一种货币被兑换成另一种货币。我们的数字钱包在2030年做的事，就和我们今天的投资理财经理做的事一样。投资对象将不仅是传统的股票和基金，还可能包括稀缺商品，比如运动鞋、经典汽车、卡牌等以及非同质化通证等。非同质化通证是存储在区块链上的独特且不可互换的数据单位。它可以与可复制的数字文件相关联，比如图片、视频和音频等，并授予持有人对相关数字文件的唯一的所有权。

除了数字钱包有多种使用方式外，我们还可以有多个数字钱包，这取决于我们的使用场景。布雷特·金从2010年就开始预测2030年的数字钱包类型。他认为，这些数字钱包不一定是通用的，不一定可以互换。我们可能持有来自不同公司的数字钱包，他们的优势、偏好和优先级各不相同。有些专注在投资上，有些专注在储蓄上。数字金融服务的作者兼评论员戴夫·伯奇指出，一些数字钱包可能以购物为中心，比如Shopify的钱包，而另一些钱包可能更侧重于投资或金融，比如贝宝或银行的钱包。这些钱包将成为我们新的、主要使用的金融机构。因此，在嵌入式金融的应用场景中，银行在很多情况下可能会淡出人们的视线，而且在未来，当我们的数字钱包变得越来越重要时，银行将面临更多竞争。尽管如此，他们仍可以通过提供便利和正确的金融服务，来获得足够大的市场份额。

人工智能决策和人类决策的互动

对于人工智能或上述各种数字钱包如何在实践中使用，戴夫·伯奇有一些想法。他的这些想法标志着未来已经到来。

一个显而易见的方法是使用公开的银行数据进入你的账户。很明显，这需要你的同意。像这样的事情真的是一个非常有趣的换位。因为你正在努力帮助消费者照顾好他们自己，而为了做到这一点，你必须对他们的情况有一个大致了解，然后你可以使用人工智能以及机器学习，来帮助他们做出正确的决定。说起来有点奇怪，但一般人，包括我自己，在财务方面也不一定能做出正确的决定。你没必要拒绝这些劝告。在正确的时间有个正确的引导，可以帮助人们做出正确的决定。

伯奇乐观地认为，嵌入式金融可以为消费者带来好处，但正如我们看到身份认证侵犯了人的隐私那样，人工智能同样带来了问题。当金融服务公司的人工智能与你的人工智能钱包对话时，消费者可能并没有参与其中。

我希望嵌入式金融为我们带来更多、更成熟的金融服务的消费者，和更高水平的金融服务的提供者。你必须做到正确地保护消费者。在人工智能的帮助下，这一点应该更容易实现。一个可能的影响就是金融产品本身可能会变得更复杂，因为这时是人工智能在与人工智能交流。如果你试图向我兜售养老金,而我对养老金一无所知,咱们就做不成生意,因为我根本无法合理合规地做出正确选择。甚至把我引入讨论本身就是荒谬的。你为什么要问我的意见?确实,有规则规定你必须征求我的意见,但为什么要这样?我对这件事一无所知。我希望我身边站着一个在养老金市场所向披靡的人工智能助手,而这就意味着银行不是在卖给我东西,而是在卖给我的人工智能东西。

伯奇认为,这对未来的市场营销有着深远的影响。

这是金融服务业真正的变化。在这种情况下,你在橄榄球比赛超级碗(Super Bowl)比赛上打广告还有什么意义?我的人工智能并不关心超级碗。你告诉我你这个品牌有300年的历史有什么意义?我的人工智能并不关心你的品牌有300年的历史。它关心的只有数字、回报率等。因此,这其中的含义远远超出事实本身。不只是我们能够访问更多人的数据,不只是这些数据被嵌入了更多的服务当中,而是我们可以帮助人们做出更正确的决定。是的,我们可以做到这一点。但它的影响还不止于此,因为金融产品的复杂性也在增长。

虽然我们可以简单地说,我们的人工智能钱包可以帮助我们做出更好的决定,但这里有很多细微差别。比如,有时我们就是想花钱,即使这不是财务上最优的做法,只是想花钱而已。我们对产品或品牌有情感上的联系,而人工智能无法理解什么是"酷"或"时尚"的社会潮流。我们要把多少控制权让给那些可能远比人类精密得多,却不懂得放松或者花点时间保持精神健康的系统呢?

伯奇描述了放纵地大吃一顿昂贵的外卖的想法。"在周五晚上点一份60美元的比萨,而不是一份30美元的比萨,可能不会对你的整体财务状况产生太大的影响。"他说——

但如果在你的养老金计划上做出一个非常糟糕的决定,确实会对你的生活和健康产生很大的影响。这就是我需要帮助的地方。你每天会做出的无数个小选择,有些会产生长期的影响,有些只有短期的影响,我无法把他们都想清楚。我经常花钱干傻事。但这是否意味着只要有人工智能在我身边,我就永远吃不到60美元的比萨了?我不这么想。我认为我那位在养老金市场所向披靡的人工智能助手会更宽容一点。

未来的互联网

第三代互联网目前正受到极大的关注,原因就在于它提供了一个开放的、不需要信任第三方的、不需要许可证的网络。与以前的互联网不同,第三代互联网没有单一的实体控制,所有用户都遵循相同的，被称为"共识协议"的规则，所以每个人都可以信任。第三代互联网对第二代互联网（Web2.0）中的缺陷提供了明确的解决方案。在第三代互联网当中，控制权转移到了用户手中。

桑吉布·卡利塔说："在嵌入式金融中，消费者的注意力是一个限制因素，而在第三代互联网当中，它将成为一个决定因素。因此，在去中心化的小型数据点的边缘上，这个限制因素和决定因素连接在了一起。这不同于中心化的大型数据点。"这就是说，无论你是否有耐心和注意力去关注细节，你都能以正确的价格买到正确的产品，最终使你在不必深入细节的情况下，仍然能获得好处。卡利塔接着说："任何能够把所有这些数据点组织起来的技术，都将变得更加强大。"

这个行业的势头都指向一个地方——身份，即身份的主权、身份的所有权和身份的货币化。第三代互联网要做的事情，或者说第三代互联网必然会解决的问题，就是数字化时代的数字化身份问题。这在现实中是什么样的？扎克·佩特说：

它改变的是基本框架和底层技术，帮助人们控制自己的身份，掌握它的流动性。第三代互联网将是嵌入式金融中的另外一层，它能帮助你更快地进行交易，让你以一种可验证的方式体现自己的身份或社会影响力。

通过分享你在社交媒体上的表现，体现你的社会影响力，或者通过进一步确认、降低成本或简化流程来增强你的体验，这些想法并不是新的，我们在早期已经看到它的应用，比如替代信用评分等。但它还有很长的路要走。

随着时间的推移，金融科技不断进化，下一次进化需要几十年的时间才能完全实现。贝恩资本风险投资公司的合伙人马特·哈里斯说："下一阶段是从中心化到去中心化的进化。在金融科技去中心化的协议中，会创造出真正的经济机会。从用户体验和损失风险的角度来看，这些机会在很大程度上是没有监管的。"正因为如此，我们在银行业和保险业当中，还远远达不到对所有人一视同仁的地步。但这种改变正在到来，马特相信："第一个突破性的应用将是稳定币。大致来说就是，你有一个东西作为抵押品，所以在相当程度上，风险是可控的。一旦你把美元从美元当中抽象化出来（或者是欧元、英镑也是同理），你实际上就能从中获得真正的好处，这是消除摩擦带来的好处。"这是第一步，接下来就是"一旦你把现实的法定货币上升一个层次，进入抽象货币层，那么资产的转移、贷款、储蓄、收益、投资、最终还有保险，就不那么难了。但这需要花费数年时间。"

未来的虚拟世界

"你好，元宇宙"（*Hello Metaverse*）播客节目主持人安妮·张（Annie Zhang）发表的一篇文章中说："第三代互联网和元宇宙不一样。"她解释道：

元宇宙得名于 1992 年的科幻小说《雪崩》（*Snow Crash*），它与其说是具体的现实，不如说是一种想象。许多人将其想象成一个三维的沉浸式世界，支持同步的、持久的、无限制的并发用户。这是一个数字化的原生环境，我们将花费大部分时间在里面工作、学习、玩耍、娱乐等。元宇宙让人感觉模糊，有点摸不着头脑——因为它的确如此，它还没有真正成型。虽然一些技术专家想要按照描写元宇宙的电影《头号玩家》（*Ready Player One*）给出的路线图定位愿景，但现实情况是，元宇宙需要每个人的输入和参与才能真正成型。它应该汇聚不同方向的迭代努力和技术进步，而且不会出现各自分离、彼此孤立的终点。

展望未来和元宇宙，他们肯定会影响全世界。而且正如我们已经看到的那样，这些影响很可能会从年轻一代开始。如今的儿童和青少年们在这些数字化环境中拥有鲜活的生活。这可以通过《堡垒之夜》

（Fortnite）、《绝地求生》（PubG）、《罗布乐思》（Roblox）等游戏实现，也可以通过虚拟生活实现。孩子们可以拥有自己的虚拟农场，采摘蔬菜、照顾动物等等。

为什么这个过程要跨越几代人？因为这种版本的虚拟生活已经存在了很多年，直到今天才发展成现在这种复杂的样子。20世纪90年代末，电子宠物拓麻歌子和奇佳（Giga）宠物（首款口袋大小的数字伴侣）曾经风靡一时。孩子们可以抚养和照顾这些电子宠物，"养活"他们。从宠物的"出生"到"死亡"，一直都有孩子们的陪伴。随着这项技术不断变得更先进、更便宜，越来越多的人都愿意参与这项活动。

虚拟世界的概念在许多方面也可以帮助我们把全社会变得四海一家，打破按地理位置划分国家和地区的概念。在现实世界中，我们受制于环境。如果你出生在美国亚拉巴马州的一个小镇上，家里很穷，那么你很可能在青少年时期无法离开美国，也就没有机会接触到与你在传统文化上不同的人们。对于一个在西太平洋群岛密克罗尼西亚的偏远农村长大的孩子来说，情况也一样。但是，通过互联网无所不在的连通性以及这些虚拟世界，今天的孩子们可以和来自世界各地的其他孩子们一起玩游戏。这些游戏鼓励玩家们合作，一起实现目标并解决问题，他们在这个过程中，自然会相互了解，知道每个人的习惯、方言等。

实践中的元宇宙

让我们先来看看脸书。它现在改名为 Meta，从名字看就知道这显然是一个潜在的元宇宙。可以预期的是，脸书在元宇宙的建立上，也会采用其在同样情况下处理其他资产时采用的方法。脸书很可能要控制硬件，控制用户体验以及和这些体验相关的数据，因此也很可能要控制元宇宙当中的经济。脸书的元宇宙会成功吗？时间会给我们答案。但它的规模和网络，肯定可以将人们聚集在一起。所以，脸书有很好的机会。

还有谁会在未来的元宇宙中胜出？那会是怎样的情景？贝恩资本风险投资公司的马特·哈里斯说："苹果公司有可能在这方面大展拳脚。谷歌是另一个，但它明显落后。之后可能是微软。"除了这些公司以外，在去中心化的虚拟世界中，还有很大的发展机会。马特说："各种各样的现实经济中的参与者，都需要在元宇宙中建立网点，并提供与支付相关的服务。随着时间的推移，他们还会提供真正的、实质性的金融服务。"在虚拟游戏中，能够成功地提供付费机会的公司，在解决元宇宙的复杂支付方案时，也是关键性的参与者。

财富博客 The Finanser 的创始人，作家、评论家克里斯·斯金纳认为，元宇宙银行和加密货币将在实现元宇宙的支付中发挥关键作用：

第七章
2030年：嵌入式金融的未来

如果你在元宇宙中过着第二人生，那么你需要拥有和现实生活中一样的东西。有趣的是，当"第二人生（Second Life）"虚拟世界在21世纪初上线时，人们从虚拟资产中赚取了成千上万美元。元宇宙是第二个虚拟世界。在这个虚拟世界中，你需要一个虚拟银行来存储虚拟货币。

斯金纳说的"第二人生"虚拟世界，在今天的金融圈中最为人津津乐道的是它专用的闭环货币——林登币（Linden Dollar）以及范围更广的林登经济（Linden economy），它包括利息支付和税收。到2009年比特币诞生时，在所有在线的虚拟经济中，林登经济的比重占了25%。

Railsbank公司的创始人兼首席执行官奈杰尔·弗登也相信，在未来的元宇宙中也会有嵌入式金融的一席之地，特别是在由区块链提供支持的数字资产管理方面。而区块链就是你获得数字资产的地方。他说："在数字世界中，一个主要的事情就是追踪来源，无论是一把剑、一辆汽车上的皮肤，还是一块虚拟地产，都需要追踪来源。"印度在线支付解决服务商"利支付"（Razorpay）公司已经在考虑做这方面的事情，还有许多其他公司也在探索。这里有无限的可能性，比如数字地球的所有权，或者你拥有某件艺术品在元宇宙中的微所有权，而真正的艺术品仍然挂在法国的博物馆里。奈杰尔认为这是一个机会，让普通人也能梦想成真，拥有艺术品。但这个计划到目前为止还没有得到正确的执行。在这个问题上，他倾向于推特创始人杰克·多尔西（Jack Dorsey）的想法："互联网将成为一种以分布式方式转移财产的工具。直到有一天，我们在互联网上有了一个共同协议的元宇宙，就像我们有了电子邮件地址和简单邮件传输协议（SMTP）一样，元宇宙才会真正腾飞。"

马特·亨德森解释说，当涉及元宇宙时，Stripe公司可能会成为基础设施提供商，为那些正在类似元宇宙的环境中开发各类工具的公司提供服务。"你可能会碰到一些实际的例子，玩家可能想要获得一些小额贷款去购买游戏中的装备。我们将不再明确地使用元宇宙这个术语来区分互联网和元宇宙，它本身就是一种模糊的连续体。"

那么保险业会怎么样？保险业的投资人以及Astorya.vc的合伙创始人弗洛里安·格拉约对两方面的保险感兴趣。一个是很多人期待的网络安全方面的保险。另一个则更有趣，是基于时间的信息技术保险。格拉约说："如果你的网络连接有问题，那就意味着你无法访问元宇宙，这可能会给你带来各种各样的损失。"这是一个非常有趣且值得思考的领域——无法访问互联网和虚拟世界而受到的时间损失。因为对许多人来说，这可能是他们未来的主要收入形式。在元宇宙中，保险可能走的另一条路是财产保险。很有可能会有一种保险产品来保护你在第二人生中的财产。

嵌入式革命

我们正处于金融服务和科技领域相互重叠的巨大变革中。我们已经能够通过几次点击就完成 10 年前需要数小时才能完成的操作。这种情况将持续下去，最终我们会完全不用自己动手就能进行金融交易。金融交易将根据我们定义的参数，在保证我们利益的情况下，自动执行。它的执行会在瞬间完成，比我们自己所能想象的手动执行更加优化。这种情况是可能的，因为金融服务将通过无数的端点分发，最大限度地方便客户，同时对于联合提供这些服务的公司也有好处。

人们对于银行和银行业的看法将会改变，对财务生活的看法也会改变。这是让更多的公司以新的、更好的方式为客户提供服务的机会。这些服务不仅能帮助富人，也能帮助陷入财务困境中的穷人。不管你在深圳还是芝加哥，在美国的萨拉索塔还是在西班牙的萨拉戈萨，这些服务都同样重要。这将是一场意义深远的技术革命，对任何拥有客户群的公司来说都是巨大的机遇。

作为一名消费者，你进入了一个财富管理自动化的时代，一个线上、线下隐形支付的时代时，你对金钱的体验将改变。

作为一名公司管理者，你的问题是，当你度过这 10 年后，你将如何回顾自己的经历？你是如何利用这 10 年的？在本书中，我们描述了已经接受这一挑战并取得早期成功的公司。我们希望看到你的公司也位列其中，并在 2030 年能够回顾你们多年来辛勤的工作和取得的成功。

2030 年已经不远了，是时候做好准备了。